TH. DOSTOÏEVSKY

KROTKAÏA

TRADUIT DU RUSSE

PAR E. HALPÉRINE

PARIS
LIBRAIRIE PLON
E. PLON, NOURRIT ET Cie, IMPRIMEURS-ÉDITEURS
RUE GARANCIÈRE, 10

Tous droits réservés

TH. DOSTOÏEVSKY

KROTKAÏA

TRADUIT DU RUSSE

Par E. HALPÉRINE

PARIS
LIBRAIRIE PLON
E. PLON, NOURRIT et Cie, IMPRIMEURS-ÉDITEURS
RUE GARANCIÈRE, 10
—
Tous droits reservés

L'auteur et les éditeurs déclarent réserver leurs droits de traduction et de reproduction à l'étranger.

Ce volume a été déposé au ministère de l'intérieur (section de la librairie) en juillet 1886.

PARIS. TYP. DE E. PLON, NOURRIT ET Cie, RUE GARANCIÈRE, 8.

KROTKAÏA

AVANT-PROPOS

...Et maintenant quelques mots sur ce récit.

Je l'ai qualifié de *fantastique*, mais je le considère comme réel, au plus haut degré. La forme seule est en effet fantastique, et il me semble nécessaire d'expliquer d'abord pourquoi.

Ce n'est point un conte; ce ne sont point non plus de simples notes. Imaginez un mari en présence du cadavre de sa femme étendu sur une table. C'est quelques heures après le suicide de cette femme, qui s'est jetée par la fenêtre. Le mari est dans un trouble extrême, et n'a pu encore rassembler ses pensées. Il marche à travers l'appartement et s'efforce d'élucider cet événement, « de concentrer ses pensées sur un point unique ». De plus, c'est un hypocondriaque incurable, de ceux qui pensent à haute voix. Aussi se parle-t-il, se raconte-t-il à lui-même l'affaire et tâche-t-il de se l'expliquer. Malgré le semblant d'esprit de suite de ses paroles, il se contredit souvent, dans la logique et dans les sentiments. Et il se justifie, et il accuse sa femme; il se perd dans des explications accessoires où l'on sent les rudesses de la pensée et du cœur, en même temps qu'un sentiment profond. Peu à peu le fait *s'éclaircit* effectivement pour lui, et il réussit « à concentrer ses pensées sur un point unique ». La série des souvenirs qu'il provoque finit par l'amener inéluctablement à la *vérité :* cette vérité élève son esprit et son cœur. A la fin, le ton même du récit s'éloigne du désordre du commencement. La vérité apparaît au malheureux claire et précise, du moins à ses yeux.

Voilà le thème. La durée de ce récit intermittent et embrouillé est, on le comprend, de plusieurs heures : il s'adresse tantôt à lui-même, tantôt à quelque auditeur invisible, ou à un juge. C'est ainsi d'ailleurs que les choses se passent réellement. Si un sténographe avait pu entendre cet homme et noter tout ce qu'il aurait dit, le récit serait peut-être plus inégal, moins travaillé que chez moi, mais, à ce qu'il me semble, l'ordre psychologique pourrait rester le même. C'est donc la supposition de notes sténographiques, mises ensuite par moi en ordre, que je considère dans ce conte comme fantastique. Dans une certaine mesure, cette manière de procéder n'est point nouvelle en art : Victor Hugo, par exemple, dans son chef-d'œuvre *Le dernier jour d'un condamné,* a employé une méthode presque identique ; quoiqu'il n'ait pas introduit un sténographe, il a admis une impossibilité plus grande encore en supposant au condamné à mort le loisir d'écrire les impressions de son dernier jour, et même celles de sa dernière heure, et plus encore celles de sa dernière minute. Mais si Victor Hugo n'avait pas préétabli cette supposition fantaisiste, cette œuvre, qui est la plus réaliste, la plus vraie de toutes celles qu'il a données, n'existerait pas.

Th. D.

KROTKAÏA [1]

RÉCIT FANTASTIQUE

I

...Maintenant qu'elle est ici, cela va encore : je m'approche et je la regarde à chaque instant; mais demain? on me la prendra, que ferai-je alors tout seul? Elle est à présent dans cette chambre, étendue sur ces deux tables; demain la bière sera prête, une bière blanche...; blanche... en gros de Naples... Du reste, il ne s'agit pas de cela... Je marche, je marche tou-

[1] Krotkaïa, la douce, la bénigne.

jours... je veux comprendre. Voilà déjà six heures que je le veux, et je ne puis parvenir à concentrer mes pensées sur un seul point. Mais c'est que je marche toujours, je marche, je marche... Voilà comment c'est arrivé, procédons par ordre : Messieurs, je ne suis pas un romancier, vous le voyez, mais qu'est-ce que cela fait? je vais tout raconter, comme je le comprends. Oh! oui, je comprends tout, trop bien, et c'est là mon malheur!

Voilà... si vous voulez savoir, c'est-à-dire si je commence par le commencement, elle venait tout simplement engager chez moi des effets pour publier dans le *Golos* [1] un avis par lequel elle faisait savoir qu'une gouvernante cherchant une place consentirait à s'expatrier,

---

[1] Le *Golos* (la Voix), journal qui paraissait à Saint-Pétersbourg.

ou à donner des leçons à domicile, etc. C'était tout à fait au commencement, je ne la remarquai pas, elle venait comme les autres, et tout allait pour elle comme pour les autres. Puis je commençai à la distinguer. Elle était mince, blonde, d'une taille au-dessus de la moyenne. Avec moi elle paraissait gênée, comme honteuse; je pense qu'elle devait être ainsi avec toutes les personnes qu'elle ne connaissait pas; elle ne s'occupait certainement pas de moi; elle devait voir en moi non point l'homme, mais l'usurier. Aussitôt l'argent reçu, elle s'en allait. Et toujours silencieuse. Les autres discutent, supplient, marchandent pour recevoir davantage; elle, non... ce qu'on lui donnait... Il me semble que je m'embrouille... Ah oui; ce sont ses gages qui éveillèrent mon attention tout d'abord : des boucles d'oreilles

en argent doré, un méchant petit médaillon; tout cela ne valait pas vingt kopecks. Elle le savait bien, mais on voyait à son air combien ces objets lui étaient précieux, et en effet c'était tout l'héritage paternel et maternel, je l'ai su après. Une seule fois je me suis permis de sourire en voyant ce qu'elle apportait. C'est-à-dire... voyez-vous, je ne fais jamais cela, j'ai avec mon public des manières de gentilhomme : peu de paroles, poli, sévère, « sévère, et encore sévère ». Mais une fois elle avait osé apporter *le reste* (c'est littéralement comme je vous le dis), le reste d'une camisole en peau de lièvre.
— Je ne pus me contenir et je me laissai aller à lâcher une plaisanterie... Mon petit père, quelle rougeur ! ses yeux sont bleus, grands, pensifs; quel feu ils jetèrent ! Et pas un mot; elle prit sa guenille et sortit.

C'est alors surtout que je la remarquai et que je me mis à rêver un peu de ce côté... c'est-à-dire précisément, d'une manière particulière... Oui, je me rappelle encore cette impression..., c'est-à-dire, si vous voulez, l'impression principale, la synthèse de tout : elle était terriblement jeune, si jeune, qu'on ne lui aurait pas donné plus de quatorze ans. Cependant elle avait alors seize ans moins trois mois. Au reste, ce n'est pas cela que je voulais dire, ce n'est pas là qu'est la synthèse.

Elle revint le lendemain.

J'ai su depuis qu'elle était allée porter cette camisole chez Dobronravoff et chez Mozer, mais ils n'acceptent que de l'or, ils n'ont pas même voulu lui répondre. Moi, une fois, je lui ai pris un camée qui ne valait presque rien, et, en y réfléchissant ensuite, j'ai été étonné d'avoir fait cela : je ne prends aussi que des objets d'or et d'argent, et, à elle, j'ai pris un camée! Pourquoi? Ce fut ma seconde pensée ayant trait à elle, je me le rappelle.

La fois suivante, c'est-à-dire en revenant de chez Mozer, elle m'apporta un porte-cigare d'ambre, un bibelot comme ci comme ça, pour un amateur, mais qui pour moi ne valait rien, car chez nous il n'y a que l'or. Comme elle venait après l'échauffourée de la veille, je la reçus sévèrement.

Ma sévérité consiste à accueillir froidement les gens. Pourtant, en lui remettant deux roubles, je ne me retins pas de lui dire d'un ton irrité : « C'est seulement *pour vous;* Mozer ne vous prendra pas ces choses-là. » Et je soulignais surtout les mots *pour vous,* précisément dans un certain sens. J'étais méchant. En entendant ce *pour vous*, elle rougit de nouveau, mais elle ne dit rien, elle ne jeta pas l'argent, elle l'emporta. — Ce que c'est que la misère! Et comme elle rougit! Je compris que je l'avais blessée. Et quand elle sortit, je me demandai tout à coup : « Ce triomphe sur elle vaut-il bien deux roubles? » Hé, hé, hé! je me le rappelle, c'est justement cette question que je me posai : « Cela vaut-il deux roubles? cela les vaut-il? » Et tout en riant, je résolus la question dans le sens affirmatif. J'étais vraiment très-gai alors. Mais je n'agissais pas à ce moment par suite d'un sentiment mauvais ; je le faisais exprès, avec intention ; je voulais l'éprouver, car quelques nouvelles pensées à son sujet surgirent inopinément dans mon cerveau. Ce fut la troisième fois qu'il me vint à propos d'elle des pensées particulières.

...Eh bien, c'est à partir de cet instant-là que ça a commencé. Je pris aussitôt des renseignements sur sa vie, sur sa situation, et j'attendis impatiemment sa visite.

J'avais le pressentiment qu'elle reviendrait bientôt. En effet, elle reparut, et je lui parlai alors avec politesse et amabilité. J'ai été bien élevé et j'ai des formes... Hum... J'ai compris à cette époque qu'elle était bonne et douce. Les bons et les doux ne résistent pas longtemps, et, quoiqu'ils n'ouvrent pas volontiers leur cœur devant vous, il leur est impossible d'éviter une conversation. Ils sont sobres de réponses, mais ils répondent quand même, et plus vous allez, plus vous obtenez, si vous ne vous fatiguez pas. Mais on comprend que cette fois-là elle ne m'a rien donné à entendre. C'est après que j'ai su l'histoire du *Golos* et tout le reste. A cette époque, elle s'annonçait de toutes ses forces dans les journaux : d'abord, cela va sans dire, c'était avec faste : « une gouvernante... partirait aussi en province; envoyer les conditions sous enveloppe »; puis : « consentirait à tout; donnerait des leçons, ou serait demoiselle de compagnie; gérerait un intérieur, soignerait une malade, ferait des travaux de couture, etc., etc. » Enfin tout ce qui est usité en pareil cas. Elle ne demandait pas toutes ces choses à la fois, cela va sans dire, mais chaque nouvel avis accentuait la note, et, à la fin, désespérée, elle ne sollicitait plus que du « travail pour du pain ». Non, elle ne trouva pas de place.

Je me décide alors à l'éprouver une dernière fois : je prends tout à coup le *Golos* du jour et je lui montre une annonce : « Une jeune personne, orpheline de père et de mère, cherche une place de gouvernante auprès de petits enfants, *de préférence chez un veuf âgé. Peut aider dans le ménage.* »

— Vous voyez, c'est une annonce de ce matin, et, ce soir, la personne trouvera certainement une place. Voilà comment il faut faire des annonces.

Elle rougit de nouveau, de nouveau ses yeux jetèrent des flammes; elle tourna le dos et partit.

Cela me plut beaucoup. Du reste, j'étais déjà sûr d'elle et je n'avais rien à craindre : personne ne prendrait ses porte-cigare; les porte-cigare d'ailleurs lui manquèrent aussi. Elle reparut le troisième jour toute pâle et bouleversée. — Je compris qu'il était arrivé quelque chose chez elle, et en effet. Je vous dirai tout à l'heure ce qui était arrivé; maintenant, je vais seulement rapporter comment je me suis soudainement montré *chic* et comment j'ai gagné du prestige. C'est une idée qui me vint à l'improviste... Voici l'affaire.

Elle m'apporta une image de la Vierge (elle se décida à l'apporter)... Ah!... écoutez! écoutez. Cela commence, car jusqu'à présent je ne faisais que m'embrouiller... C'est que je veux me rappeler tout, chaque menu détail, le moindre trait...

Je veux toujours rassembler mes pensées et je ne puis y parvenir..... ah! voilà les petits détails, les petits traits.....

L'image de la Vierge... La Vierge avec l'Enfant Jésus; une image de famille, vieille, la garniture en argent doré — « cela vaut... cela vaut six roubles. » Je vois que l'image lui tient beaucoup au cœur; cependant elle engage tout, le cadre, la garniture. Je lui dis : Il vaut mieux laisser seulement la garniture; l'image, vous pouvez la remporter; ça ira bien sans cela.

— Est-ce que c'est défendu?

— Non, ce n'est pas défendu, mais peut-être vous même.....

— Eh bien, dégarnissez.

— Savez-vous, je ne la dégarnirai pas, je la mettrai par là avec les miennes, — dis-je après réflexion, — sous cette lampe d'image [1] (j'avais toujours cette lampe allumée, depuis l'installation de mon bureau d'engagements), et puis, prenez tout simplement dix roubles.

— Je n'ai pas besoin de dix roubles; donnez-m'en cinq; je dégagerai sûrement.

— Vous ne voulez pas dix roubles?

[1] Il s'agit ici d'un usage russe qui consiste à laisser une lampe allumée au-dessus d'images pieuses.

L'image vaut cela, ajoutai-je en remarquant de nouveau l'étincellement de ses yeux. Elle ne répondit pas. Je lui donnai cinq roubles.

— Il ne faut mépriser personne... J'ai été moi-même dans une situation critique et pire encore, et si vous me voyez à présent une telle occupation... C'est qu'après tout ce que j'ai eu à souffrir.....

— Vous vous vengez de la société! hein? interrompit-elle tout à coup avec un sourire très-ironique, mais naïf aussi (c'était banal, car comme elle ne me portait aucun intérêt particulier, le mot n'avait guère le caractère d'une offense). Ah! ah! ai-je pensé, voilà comme elle est, c'est une femme à caractère, une émancipée.

— Voyez-vous, continuai-je, moitié plaisant, moitié sérieux : « Moi, je suis une fraction de cette fraction de l'être qui veut faire le mal et qui fait le bien. »

Elle me regarda aussitôt, avec une attention où subsistait de la curiosité enfantine :

— Attendez ; quelle est cette pensée-là ? Où l'avez-vous prise ? J'ai entendu cela quelque part...

— Ne vous cassez pas la tête. C'est ainsi que Méphistophélès se présente à Faust. Avez-vous lu *Faust ?*

— Pas... attentivement.

— C'est-à-dire que vous ne l'avez pas lu. Il faut le lire. Je vois encore à vos lèvres un pli ironique. Ne me supposez pas, je vous en prie, assez peu de goût pour vouloir blanchir mon rôle d'usurier, en me donnant pour un Méphistophélès. Un usurier est un usurier. C'est connu.

— Vous êtes étrange..... je ne voulais pas dire.....

Elle était sur le point de me dire qu'elle ne s'attendait pas à trouver en moi un lettré, elle ne le dit pas, et je compris qu'elle le pensait. Je l'avais vivement intriguée.

— Voyez-vous, remarquai-je, il n'est point de métier où l'on ne puisse faire le bien. Certes, je ne parle pas de moi. Moi, je ne fais, je suppose, que le mal, mais...

— Certainement on peut faire le bien dans tous les états, répliqua-t-elle avec vivacité en cherchant à me pénétrer du regard. Oui, dans tous les états, fit-elle.

Oh! je me rappelle, je me rappelle tout! Et, je veux le dire, elle avait cette jeunesse, cette jeunesse charmante qui, lorsqu'elle exprime une idée intelligente, profonde, laisse transparaître sur le visage un éclair de conviction naïve et sincère, et semble dire : Voyez comme je comprends et pénètre en ce moment. Et l'on ne peut pas dire que ce soit de la fatuité, comme la nôtre, c'est le cas qu'elle fait elle-même de l'idée conçue, l'estime qu'elle a pour cette idée, la sincérité de la conviction, et elle pense que vous devez estimer cette idée au même degré. Oh! la sincérité! C'est par là qu'on subjugue. Et que c'était exquis chez elle!

Je me souviens, je n'ai rien oublié. Quand elle sortit, j'étais tout décidé. Le même jour j'ai pris mes derniers renseignements et j'ai connu en détail tout le reste de sa vie. Le passé, je le connaissais par Loukéria, domestique de sa famille, que j'avais mise dans mes intérêts peu auparavant. Le fond de sa vie était si lamentable que je ne comprends pas comment, dans une pareille situation, elle avait pu garder la force de rire, la faculté de curiosité qu'elle a montrée en parlant de Méphistophélès. Mais, la jeunesse! — C'est à cela précisément que je pensais alors avec orgueil et joie, car je voyais de la noblesse d'âme dans ce fait que, bien qu'elle fût sur le bord d'un abîme, la grande pensée de Gœthe n'en étincelait pas moins à ses yeux. La jeunesse, même mal à propos, est toujours généreuse. Ce n'est que d'elle que je parle. Le point important est que déjà je la regardais comme *mienne*, que je ne doutais pas de ma puissance, et savez-vous que cela donne une volupté surhumaine de ne pas douter?

Mais où vais-je? Si je continue, je n'arriverai jamais à coordonner mes réflexions... Vite, vite, mon Dieu! je m'égare, ce n'est pas cela!

II

Son histoire que j'ai pu connaître, je la résumerai en quelques mots. Son père et sa mère étaient morts depuis longtemps, trois ans avant qu'elle se mît à vivre chez ses tantes, femmes désordonnées, pour ne pas dire plus. L'une, veuve, chargée d'une nombreuse famille (six enfants plus jeunes les uns que les autres), l'autre, vieille fille, mauvaise. Toutes les deux mauvaises. Son père, employé de l'État, simple commis, n'était que noble personnel [1]; cela m'allait bien. Moi, j'appartenais à une classe supérieure.

[1] *Litchni dvorianine,* noblesse personnelle adhérente à la fonction et non transmissible.

Ex-capitaine en second d'un régiment à bel uniforme, noble héréditaire, indépendant, etc. Quant à ma maison de prêt sur gages, les tantes ne pouvaient la regarder que d'un bon œil. Trois ans de servitude chez ses tantes! Et cependant elle trouva le moyen de passer des examens. Cela prouve qu'elle avait des aspirations nobles, élevées. Et moi, pourquoi voulais-je me marier? D'ailleurs, il n'est pas question de moi... ce n'est pas de cela qu'il s'agit... Elle donnait des leçons aux enfants de la tante, raccommodait le linge, et même, malgré sa poitrine délicate, lavait les planchers. On la battait, on lui reprochait sa nourriture, et, à la fin, les vieilles tentèrent de la vendre. Pouah! Je passe sur les détails dégoûtants. Elle m'a tout raconté en détail depuis. Tout cela fut épié par un gros épicier du voisinage. Ce n'était pas un simple épicier, il possédait deux magasins. Ce négociant avait déjà fait fondre deux femmes : il en cherchait une troisième. Il crut avoir trouvé. « Douce, habituée à la misère, voilà une mère pour mes enfants », se dit-il.

Effectivement il avait des enfants. Il la rechercha en mariage et fit des ouvertures aux tantes... Et puis il avait cinquante ans. Elle fut terrifiée. C'est sur ces entrefaites qu'elle se mit à venir chez moi, afin de trouver l'argent nécessaire à des insertions dans le *Golos.* Elle demanda à ses tantes un peu de temps pour réfléchir. On lui en accorda, très-peu. Mais on l'obsédait, on lui répétait ce refrain : « Nous n'avons pas de quoi vivre nous-mêmes, ce n'est pas pour garder une bouche de plus à nourrir. » Je connaissais déjà toutes ces circonstances, mais ce n'est que ce matin-là que je me suis décidé. Le soir, l'épicier apporte pour cinquante kopecks [1] de bonbons ; elle est avec lui. Moi, j'appelle Loukéria de sa cuisine, et je lui demande de lui dire tout bas que je l'attends à la porte, que j'ai quelque chose de pressant à lui communiquer. J'étais très-content de moi. En général, ce jour-là, j'ai été terriblement content de moi.

A la porte cochère, devant Loukéria, je lui déclarai, à elle déjà étonnée de mon appel, que j'avais l'honneur et le bonheur... Ensuite, afin de lui expliquer ma manière d'agir, et pour éviter qu'elle s'étonnât de ces pourparlers devant une porte : « Vous avez affaire à un homme de bonne foi, qui sait où vous en êtes. » Et je ne mentais pas, j'étais de bonne foi. Mais laissons cela. Non-seulement ma requête était

---

[1] Environ un franc vingt-cinq.

exprimée en termes convenables, telle que devait l'adresser un homme bien élevé, mais elle était originale aussi, chose essentielle. Eh bien, est-ce donc une faute de le confesser? Je veux me faire justice et je me la fais; je dois plaider le pour et le contre, et je le plaide. Je me le suis rappelé avec délices, quoique ce soit bête : je lui avouai alors, sans honte, que j'avais peu de talents et une intelligence ordinaire; que je n'étais pas trop bon, que j'étais *un égoïste bon marché* (je me rappelle ce mot, je l'avais préparé en route et j'en étais fort satisfait), et qu'il y avait peut-être en moi beaucoup de côtés désagréables, sous bien des rapports. Tout cela était débité avec une sorte d'orgueil. On sait comment on dit ces choses-là. Certes, je n'aurais pas eu le mauvais goût de commencer, après celle de mes défauts, la nomenclature de mes qualités, par exemple en disant : Si je n'ai pas ceci ou cela, j'ai au moins ceci et cela. Je voyais qu'elle avait bien peur, mais je ne la ménageais pas ; tout au contraire, comme elle tremblait, j'appuyais davantage. Je lui dis carrément qu'elle ne mourrait pas de faim, mais qu'il ne fallait pas compter sur des toilettes, des soirées au théâtre ou au bal, sinon plus tard, peut-être, quand j'aurais atteint mon but. Ce ton sévère m'entraînait moi-même. J'ajoutai, comme incidemment, que si j'avais adopté ce métier de prêteur sur gages, c'était dans certaines circonstances, en vue d'un but particulier. J'avais le droit de parler ainsi : les circonstances et le but existaient réellement.

Attendez, messieurs ; j'ai été toute ma vie le premier à exécrer ce métier de prêteur sur gages, mais, bien qu'il soit ridicule de se parler à soi-même mystérieusement, il est bien vrai que je me vengeais de la société. C'était vrai! vrai! vrai! De sorte que, le matin où elle me raillait en supposant que je me vengeais de la société, c'était injuste de sa part. C'est que, voyez-vous, si je lui avais nettement répondu : « Eh bien, oui, je me venge de la société », elle aurait ri de moi, comme un autre matin, et ç'aurait été en effet fort risible. Mais, de la sorte, au moyen d'allusions vagues, en lançant une phrase mystérieuse, il se trouva possible de surexciter son imagination. D'ailleurs, je ne craignais plus rien alors. Je savais bien que le gros épicier lui semblerait en tout cas plus méprisable que moi, et que, là, sous la porte cochère, j'avais l'air d'un sauveur; j'en avais conscience. Ah! les bassesses, voilà ce dont on a aisément la conception!... Après tout, était-ce donc vraiment une bassesse? Comment juger un homme en pareil cas? Ne l'aimais-je pas déjà, alors?

Attendez. Il va sans dire que je ne lui ai pas soufflé mot de mes bienfaits, au contraire; oh! au contraire : « C'est moi qui suis votre obligé et non vous mon obligée. » J'ai dit cela tout haut, sans pouvoir m'en empêcher. Et c'était peut-être bête, car je la vis froncer le sourcil. Mais en somme j'avais gagné la partie. Attendez encore... puisque je dois remuer toute cette boue, il me faut rappeler une dernière saleté : je me tenais droit, à cette porte, et il me montait au cerveau des fumées : « Tu es grand, élancé, bien élevé, et, enfin, sans fanfaronnade, d'une assez jolie figure. » Voilà ce qui me passait par la tête... Il va sans dire que, sur place, à la porte même, elle me répondit *oui*. Mais... mais je dois ajouter qu'elle réfléchit assez longtemps avant de répondre *oui*. Elle était si pensive, si pensive, que j'eus le temps de lui dire : « Eh bien! » Et je ne pus me passer de le lui dire avec un certain chic : « Eh bien donc », avec un *donc*.

— Attendez, fit-elle, je réfléchirai.

Son visage mignon était si sérieux, si sérieux qu'on y lisait son âme. Et moi je me sentais offensé : « Est-ce possible, pensai-je, qu'elle hésite entre moi et l'épicier? » Ah! alors je ne comprenais pas encore! je ne comprenais rien, rien du tout! jusqu'aujourd'hui, je n'ai rien compris! Je me rappelle que, comme je m'en allais, Loukéria courut après moi et me jeta rapidement : « Que Dieu vous le rende, monsieur, vous prenez notre chère demoiselle. Mais ne le lui dites pas, elle est fière. »

Fière, soit, j'aime bien les petites fières; les fières sont surtout prisables quand on est certain de les avoir conquises, hé? Oh! bassesse, maladresse de l'homme! Que j'étais satisfait de moi! Imaginez-vous que, tandis qu'elle restait pensive sous la porte avant de me dire le *oui,* imaginez-vous que je lisais avec étonnement sur ses traits cette pensée : « Si j'ai le malheur à attendre des deux côtés, pourquoi ne choisirais-je pas de préférence le gros épicier afin que, dans ses ivresses, il me roue de coups jusqu'à me tuer? »

Et, qu'en croyez-vous? ne pouvait-elle pas avoir une telle pensée?

Oui, et maintenant je ne comprends rien du tout! Je viens de dire qu'elle pouvait avoir cette pensée : Quel serait le pire des deux malheurs? Qu'y a-t-il de plus mauvais à prendre, le marchand ou l'usurier de Gœthe? Voilà la question!... Quelle question? Et tu ne comprends pas même cela, malheureux! Voilà la réponse sur la table. Mais encore une fois, pour ce qui est de moi, je m'en moque... qu'importe, moi?... Et au fait, suis-je pour quelque chose là dedans, oui ou non? Je ne puis répondre. Il vaut mieux aller me coucher, j'ai mal à la tête.

III

Je n'ai pas dormi. Comment aurais-je pu dormir? le sang battait dans mes tempes avec furie. Je veux me replonger dans ces fanges. Quelle boue!.... De quelle boue aussi je l'avais tirée..... Elle aurait dû le sentir, juger mon acte à sa juste valeur!... Plusieurs considérations m'ont amené à ce mariage : je songeais, par exemple, que j'avais quarante et un ans et qu'elle en avait seize. Le sentiment de cette inégalité me charmait. C'était doux, très-doux.

J'aurais voulu, toutefois, faire un mariage à l'anglaise, devant deux témoins seulement, dont Loukéria, et monter ensuite en wagon, pour aller à Moscou peut-être, où j'avais justement affaire, et où je serais resté deux semaines. Elle s'y est opposée, elle ne l'a pas voulu, et j'ai été obligé d'aller saluer ses tantes comme les parentes qui me la donnaient. J'ai même fait à chacune de ces espèces un présent de cent roubles et j'en ai promis d'autres, sans lui en parler, afin de ne pas l'humilier par la bassesse de ces détails. Les tantes se sont faites tout sucre. On a discuté la dot : elle n'avait rien, presque littéralement rien, et elle ne voulut rien emporter. J'ai réussi à lui faire comprendre qu'il était impossible qu'il n'y eût aucune dot, et cette dot, c'est moi qui l'ai constituée, car qui l'aurait pu faire? mais il ne s'agit pas de moi..... Je suis arrivé à lui faire accepter plusieurs de mes idées, afin qu'elle fût au courant, au moins. Je me suis même trop hâté, je crois. L'important est que, dès le début, malgré sa réserve, elle s'empressait autour de moi avec affection, venait chaque fois tendrement à ma rencontre et me racontait, toute transportée, en bredouillant (avec le délicieux balbutiement de l'innocence), son enfance, sa jeunesse, la maison paternelle, des anecdotes sur son père et sa mère. Je jetais de l'eau froide sur toute cette ivresse. C'était mon idée. Je répondais à ses transports par un silence, bienveillant, certes... mais elle sentit vite la distance qui nous séparait et l'énigme qui était en moi. Et moi je faisais tout pour lui faire croire que j'étais une énigme! c'est pour me poser en énigme que j'ai commis toutes ces sottises! d'abord la sévérité : c'est avec mon air sévère que je l'ai amenée dans ma maison. Pendant le trajet, dans mon contentement, j'avais établi tout un système. Et ce système m'est venu tout seul à la pensée. Et je ne pouvais pas faire autrement, cette manière d'agir m'était imposée par une force irrésistible. Pourquoi me calomnierais-je, après tout? C'était un système rationnel. Non, écoutez, si vous voulez juger un homme, faites-le en connaissance de cause..... Écoutez :

Comment faut-il commencer? car c'est très-difficile. Entreprendre de se justifier, là naît la difficulté. Voyez-vous, la jeunesse méprise l'argent, par exemple, je prônai l'argent, je préconisai l'argent; je le préconisai tant, tant, qu'elle finit par se taire. Elle ouvrait les yeux grands, écoutait, regardait et se taisait. La jeunesse est généreuse, n'est-ce pas? du moins la bonne jeunesse est généreuse, et emportée, et sans grande tolérance; si quelque chose ne lui va pas, aussitôt elle méprise. Moi, je voulais de la grandeur; je voulais qu'on inoculât de la grandeur au cœur même, qu'on l'inoculât aux mouvements même du cœur, n'est-ce-pas? je choisis un exemple banal : Comment pouvais-je concilier le prêt sur gages avec un semblable caractère? Il va sans dire que je n'ai pas procédé par allusion directe, sans quoi j'aurais eu l'air de vouloir me justifier de mon usure. J'opérais par l'orgueil. Je laissais presque parler mon silence. Et je sais faire parler mon silence ; toute ma vie, je l'ai fait. J'ai vécu des drames dans mon silence. Ah! comme j'ai été malheureux! Tout le monde m'a jeté par-dessus bord, jeté et oublié, et personne, personne ne s'en est douté! Et voilà que tout à coup les seize ans de cette jeune femme surent recueillir, de la bouche de lâches, des détails sur moi, et elle s'imagina qu'elle connaissait tout. Et le secret, pourtant, était caché au fond de la conscience de l'homme! Moi, je ne disais rien, surtout avec elle, je n'ai rien dit, rien jusqu'à hier..... Pourquoi n'ai-je rien dit? Par orgueil. Je voulais qu'elle devinât, sans mon aide, et non d'après les racontars de quelques drôles; je voulais qu'elle *devinât elle-même* quel homme j'étais et qu'elle le comprît! En l'amenant dans ma maison, je voulais arriver à conquérir son entière estime, je voulais la voir s'incliner devant moi et me plaindre de mes souffrances... Je pensai que je valais cela. Ah! toujours mon orgueil; il me fallait toujours tout ou rien, et c'est parce que je ne suis pas un admetteur de demi-bonheurs, c'est parce que je voulais *tout*, que j'ai été forcé d'agir ainsi. Je me disais : « Mais devine-moi donc et estime-moi! » Car vous admettez que si je lui avais fourni des explications, si je les lui avais soufflées, si j'avais pris des détours, si je lui avais réclamé son estime, ç'aurait été comme lui demander l'aumône... Du reste... du reste, pourquoi revenir sur ces choses-là?

Stupide, stupide, cent fois stupide! je lui exposai nettement, durement (oh! oui, durement), en deux phrases, que la générosité de la jeunesse est une belle chose, mais qu'elle ne vaut pas un demi-kopeck. Et pourquoi ne vaut-elle rien, cette générosité de la jeunesse? Parce qu'elle ne lui coûte pas cher, parce qu'elle la possède avant d'avoir vécu. Tous ces sentiments-là sont, pour ainsi dire, le propre des premières impressions de l'existence. Voyez-vous donc à la tâche? La générosité bon marché est facile. Donner sa vie, même, coûte si peu, il n'y a dans vos sacrifices que du sang qui bout et du débordement de forces. Vous n'avez soif que de la beauté de l'acte, dites-vous? oh! que non pas! Choisissez donc un dévouement difficile, long, obscur, sans éclat, calomnié, où soit beaucoup de sacrifice

et pas une gloire, oh! vous qui rayonnez en vous-même, vous qu'on traite d'infâme, tandis que vous êtes le meilleur homme de la terre, eh bien, tentez cet héroïsme : vous reculerez! Et moi, je suis resté sous le poids de cet héroïsme toute ma vie.....
Elle batailla d'abord, avec acharnement; puis elle en arriva par degrés au silence, au silence complet. Ses yeux seuls écoutaient, de plus en plus attentifs et grands, grands de terreur. Et... et, de plus, je vis poindre un sourire défiant, fermé, mauvais. C'est avec ce sourire-là que je l'ai amenée dans ma maison. Il est vrai qu'elle n'avait plus d'autre refuge.

IV

Qui a commencé le premier?

Personne. Ça a commencé tout seul, dès le début. J'ai dit que je l'avais accueillie chez moi avec un front sévère; cependant les premiers jours, je me suis adouci. Durant nos fiançailles, je l'ai avertie qu'elle aurait à recevoir les objets mis en gage et à faire les prêts. Elle n'a élevé aucune objection (remarquez-le); même, elle s'est mise au travail avec ardeur.

L'appartement et le mobilier n'ont pas été changés. Deux pièces, une grande salle divisée en deux par le comptoir, et une chambre, pour nous, qui servait de chambre à coucher. Le meuble était modeste, plus modeste encore que chez les tantes. Ma vitrine à images saintes avec sa lampe se trouvait dans la salle où était le bureau; dans l'autre pièce, ma bibliothèque, quelques livres, et aussi le secrétaire. Les clefs sur moi. Lit, chaises, tables. J'avais donné encore à entendre à ma fiancée que les dépenses de la maison, c'est-à-dire la nourriture pour moi, pour elle et pour Loukéria (j'avais pris cette dernière avec nous), ne devaient pas dépasser un rouble par jour[1]. « Il me faut amasser trente mille roubles en trois ans, autrement ce ne serait pas gagner de l'argent. » Elle ne fit point résistance, et j'augmentai de moi-même de trente kopecks nos frais de table. De même pour le théâtre. J'avais dit à ma fiancée que nous n'irions pas au

---

[1] Deux francs cinquante.

théâtre, et cependant je décidai ensuite que nous le ferions une fois par mois, et que nous nous payerions des places convenables, des fauteuils. Nous y sommes allés ensemble trois fois ; nous avons vu la *Chasse au bonheur* et la *Périchole*, il me semble... mais qu'importe, qu'importe?... Nous y allions sans nous parler, et sans parler nous revenions. Pourquoi, pourquoi ne nous être jamais rien dit?

Dans les premiers temps il n'y a pas eu de discussion, et pourtant c'était déjà le silence.

Je me rappelle..... Elle me regardait à la dérobée, et moi, m'en apercevant, je redoublais de mutisme. C'est de moi, il est vrai, que venait le silence, et non d'elle..... Une ou deux fois elle fit la tentative de me serrer dans ses bras. Mais comme ces transports étaient maladifs, hystériques, et que je n'appréciais que les joies vraies, où il y eût de l'estime réciproque, j'accueillis froidement ces démonstrations. Et j'avais raison : le lendemain de chacun de ces élans, il survenait des brouilles, non pas précisément des brouilles, mais des accès de silence, et, de sa part, des airs de plus en plus provocants.

« L'insoumission, la révolte », voilà ce qu'on voyait en elle. Seulement elle était impuissante. Oui, ce doux visage devenait de plus en plus provocant. Je commençais à lui paraître répugnant. Oh! j'ai étudié cela. Quant à être hors d'elle, certes elle l'était souvent..... Comment, par exemple, se fait-il qu'au sortir d'un taudis où elle lavait les planchers, elle se soit si vite dégoûtée d'un autre intérieur pauvre?

Chez nous, voyez-vous, ce n'était pas

de la pauvreté, c'était de l'économie, et quand il le fallait, j'admettais même du luxe, par exemple pour le linge, pour la tenue. J'avais toujours pensé qu'un mari soigné devait charmer une femme. Du reste, elle n'avait rien contre la pauvreté, c'était contre l'avarice. « Nous avions certes chacun notre but et un caractère fort. » Elle refusa tout à coup, d'elle-même, de retourner au théâtre, et le pli ironique de sa bouche se creusa davantage... Et, moi, mon silence augmentait, augmentait.....

Ne dois-je point me justifier? Le point grave était l'affaire du prêt sur gages, n'est-ce pas? Permettez, je savais qu'une femme, à seize ans, ne peut pas se résigner à une entière soumission envers un homme. La femme n'a pas d'originalité, c'est un axiome; encore aujourd'hui c'est resté un axiome pour moi. Il n'importe qu'elle soit couchée là, dans cette chambre, une vérité est une vérité, et Stuart Mill lui-même n'y ferait rien. Et la femme qui aime, oh! la femme qui aime! même les vices, même les crimes d'un être aimé, elle les déifie. Cet être aimé ne saurait trouver pour ses propres fautes autant d'excuses qu'elle en trouvera. C'est généreux, mais ce n'est pas original. C'est ce manque d'originalité qui a perdu les femmes. Et qu'est-ce que ça prouve, je le répète, qu'elle soit là sur la table? Est-ce donc original d'y être? Oh! oh!

Écoutez, j'étais alors presque convaincu de son amour, elle m'entourait, elle se jetait à mon cou, n'est-ce point parce qu'elle aimait ou voulait aimer? Oui, c'est bien cela, elle désirait ardemment aimer, elle cherchait l'amour, et le mauvais de mon cas, c'était que je n'avais pas commis de crime qu'elle eût à glorifier. Vous dites : « usurier » et tous disent, usurier, et puis, après? il y avait des raisons pour que l'un des plus généreux des hommes devînt usurier. Voyez-vous, messieurs, il y a des idées..... C'est-à-dire, voyez-vous, que si l'on exprime une certaine idée par des paroles, ce sera alors terriblement bête. J'aurais honte... et pourquoi? Pour rien. Parce que nous sommes tous de la drogue et que nous sommes incapables de supporter la vérité. Ou bien je ne sais plus..... je disais tout à l'heure « le plus généreux des hommes »; il y a là de quoi rire, et pourtant c'est vrai, c'était vrai, c'est la vérité vraie. Oui, j'avais *le droit* alors de vouloir assurer mon avenir et de créer cette maison : « Vous m'avez repoussé, vous, les hommes; vous m'avez chassé par vos silences méprisants; à mes inspirations passionnées vous avez répondu par une offense mortelle pesant sur ma vie entière : j'avais donc le droit de construire un mur entre vous et moi, de rassembler ces trente mille roubles et de finir ma vie dans un coin, en Crimée, au bord de la mer Noire, sur une montagne, au milieu des vignes, dans mes propriétés acquises au prix de ces trente mille roubles, et surtout loin de vous tous, sans amertume contre vous, avec un idéal dans l'âme, avec une femme aimante près du cœur, avec une famille, si Dieu l'avait permis, et en faisant du bien à mon prochain. » J'ai bien fait de garder tout cela pour moi, car qu'y aurait-il eu de plus stupide que de le lui raconter tout haut? Et voilà la cause de mon orgueilleux silence, voilà pourquoi nous restions en face l'un de l'autre sans ouvrir la bouche. Qu'aurait-elle pu comprendre? seize ans, la première jeunesse..... que pouvait-elle entendre à mes justifications, à mes souffrances? Chez elle, de la droiture, l'ignorance de la vie, de jeunes convictions gratuites, l'aveuglement à courte vue d'un « cœur d'or »..... Le pire de tout, c'était la maison de prêt sur gages, voilà. (Y faisais-je donc tant de mal, dans cette maison, et ne voyait-elle pas que je me contentais de gains modérés?) Ah! la vérité est terrible sur la terre! ce charme, cette douceur céleste qu'elle avait, c'était une tyrannie insupportable pour mon âme, une torture! je me calomnierais, si j'omettais cela : ne l'aimais-je pas? Pensez-vous que je ne l'aimais pas? Qui peut dire que je ne l'aimais pas? Ç'a été, voyez-vous, une ironie perfide de la destinée et de la nature! Nous sommes des maudits; la vie humaine est universellement maudite! La mienne plus que toute autre! Moi, je comprends maintenant mon erreur!..... Il y avait des obscurités..... Non, tout était clair, mon projet était clair comme le ciel : « Me renfermer dans un silence sévère et digne, me refuser toute consolation morale. Souffrir en silence. » Et j'ai exécuté mon plan : je ne me suis point menti à moi-même! « Elle verra elle-même après, pensais-je, qu'il y avait ici de la générosité. Elle n'a pas su s'en apercevoir maintenant, mais quand elle le découvrira plus tard, si jamais elle le découvre, elle l'appréciera dix fois plus, et, tombant à genoux, elle joindra les mains. » Voilà quelle était mon idée. Mais justement j'ai oublié ou omis quelque chose. Je n'ai pu arriver à rien..... mais assez, assez..... A qui maintenant demander pardon? c'est fini, fini... Courage, homme ! garde ton orgueil : ce n'est pas toi qui es le coupable!

Eh bien, je vais dire la vérité, je ne craindrai pas de la contempler face à face : c'est *elle* qui a eu tort, c'est *elle* qui a eu tort!.....

V

Donc, les premières disputes vinrent de ce qu'elle voulut avoir, sans contrôle, le maniement de l'argent, et coter les objets apportés en gage à un trop haut prix. Elle daigna deux fois me quereller à ce sujet. Moi, je ne voulus pas céder. C'est ici qu'apparut la veuve du capitaine.

Une antique veuve d'officier se présenta munie d'un médaillon qu'elle tenait de son mari. Un souvenir, vous comprenez. Je donnai trente doubles. La vieille se mit à geindre et à supplier qu'on lui gardât son gage. Cela allait sans dire que nous le gardions. Puis, cinq jours après, elle reparaît et demande à échanger le médaillon contre un bracelet valant à peine huit roubles. Je refuse, naturellement. Il est probable qu'à ce moment elle vit quelque chose dans les yeux de ma femme, car elle revint en mon absence, et l'échange se fit.

Je le sus le jour même : je parlai avec fermeté et j'employai le raisonnement. Elle était assise sur le lit; pendant mes représentations, elle regardait le plancher et y battait la mesure du bout du pied, geste qui lui était habituel ; son mauvais sourire errait sur ses lèvres. Je déclarai alors froidement, sans élever la voix, que l'argent était *à moi*, que j'avais le droit de voir la vie à *ma* façon. Je rappelai que le jour où je l'avais introduite dans mon existence, je ne lui avais rien caché.

Elle sauta brusquement sur ses pieds, toute tremblante, et, imaginez-vous, dans sa fureur contre moi, elle se mit à trépigner. Une bête féroce. Un accès. Une bête féroce prise d'accès. L'étonnement me figea sur place. Je ne m'attendais pas à une telle incartade. Je ne perdis pas la tête, et, derechef, d'une voix calme, je l'avertis que je lui retirais le droit de se mêler de ma maison. Elle me rit au nez, et quitta l'appartement. Elle n'avait pas le droit de sortir de chez moi, et d'aller sans moi nulle part. C'était un point convenu entre nous dès nos fiançailles. Je fermai mon bureau et m'en fus chez les tantes. J'avais rompu toutes relations avec elles depuis mon mariage; nous n'allions pas chez elles, elles ne venaient pas chez moi. Il se trouva qu'elle était venue avant moi chez les tantes. Elles m'écoutèrent curieusement, se mirent à rire et me dirent : « C'est bien fait. » Je m'attendais à leurs railleries. J'achetai aussitôt pour cent roubles, vingt-cinq comptant, les bons offices de la plus jeune des tantes. Deux jours après, cette femme arrive chez moi et me dit : « Un officier, nommé Efimovitch, votre ancien camarade de régiment, est mêlé à tout ceci. » Je fus très-étonné. Cet Efimovitch était l'homme qui m'avait fait le plus de mal dans l'armée. Un mois auparavant, sans aucune honte, il était venu deux fois à la maison, sous prétexte d'engager. Je me rappelai que, lors de ces visites, il s'était mis à rire avec elle. Je m'étais alors montré, et, en raison de nos anciennes relations, je lui avais interdit de remettre les pieds chez moi. Je n'y avais rien vu de plus, je n'y avais vu que l'impudence de l'homme. Et la tante m'informe qu'ils ont déjà pris rendez-vous et que c'est une de ses amies, Julia Samsonovna, veuve d'un colonel, qui s'entremet. « C'est chez elle que va votre femme. »

J'abrége l'histoire. Cette affaire m'a coûté trois cents roubles. En quarante-huit heures nous conclûmes un marché par lequel il était entendu qu'on me cacherait dans une chambre voisine, derrière une porte, et que, le jour du premier rendez-vous, j'assisterais à l'entretien de ma femme et d'Efimovitch. La veille de ce jour-là, il y eut entre nous une scène courte, mais très-significative pour moi. Elle rentra le soir, s'assit sur le lit, et me regarda ironiquement en battant la mesure avec son pied sur le tapis. L'idée me vint subitement que, dans ces derniers quinze jours, elle était entièrement hors de son caractère; on peut même dire que son caractère semblait retourné comme un gant : j'avais devant moi un être emporté, agressif, je ne veux pas dire éhonté, mais déséquilibré et assoiffé de désordre. Sa douceur naturelle la retenait pourtant encore. Quand une semblable nature arrive à la révolte, même si elle dépasse toute mesure, on sent bien l'effort chez elle, on sent qu'elle a de la peine à avoir raison de son honnêteté, de sa pudeur. Et c'est pour cela que de telles natures vont plus loin qu'il n'est permis, et qu'on n'en peut croire ses yeux en les voyant agir. Un être dépravé par habitude ira toujours plus doucement. Il fera pis, mais, grâce à la tenue et au respect des convenances, il aura la prétention de vous en imposer.

— Est-il vrai qu'on vous ait chassé du régiment, parce que vous avez eu peur de vous battre? me demanda-t-elle à brûle-pourpoint. Et ses yeux étincelèrent.

— C'est vrai; par décision de la réunion des officiers on m'a demandé ma démission que, d'ailleurs, j'étais déjà résolu à donner.

— On vous a chassé comme un lâche?

— Oui, ils m'ont jugé lâche. Mais ce n'est pas par lâcheté que j'ai refusé de me battre; c'est parce que je ne voulais pas obéir à des injonctions tyranniques et demander satisfaction quand je ne me sentais pas offensé. Sachez, ne pus-je m'empêcher d'ajouter, sachez que l'action de s'insurger contre une telle tyrannie, et en subir toutes les conséquences, demande plus de courage que n'importe quel duel.

Je n'ai pu retenir cette phrase, par où je me justifiais. Elle n'attendait que cela, elle n'espérait que cette nouvelle humiliation. Elle se mit à ricaner méchamment.

— Est-il vrai que pendant trois ans vous ayez battu les rues de Saint-Pétersbourg en mendiant des kopecks, et que vous couchiez sous des billards?

— J'ai couché aussi dans les maisons de refuge du Cennaïa [1]. Oui, c'est vrai. Il y a eu beaucoup d'ignominie dans ma vie d'après ma sortie du régiment, mais point

---

[1] Sorte de place, à Saint-Pétersbourg, sur laquelle se trouve l'entrée de maisons d'hospitalité de nuit.

de chutes honteuses. J'étais le premier à haïr mon genre d'existence. Ce n'était qu'une défaillance de ma volonté, de mon esprit, provoquée par ma situation désespérée. C'est le passé...

— Maintenant, vous êtes un personnage, un financier!

Toujours l'allusion aux prêts sur gages. Mais j'ai pu me contenir. Je voyais qu'elle avait soif de m'humilier encore, et je ne lui en ai plus fourni le prétexte. Bien à propos un client sonna, et je passai dans le bureau. Une heure après, elle s'habilla tout à coup pour sortir, et, s'arrêtant devant moi, elle me dit :

— Vous ne m'aviez rien dit de tout cela avant notre mariage?

Je ne répondis pas, et elle s'en alla.

Le lendemain, donc, j'étais dans cette chambre et j'écoutais derrière une porte l'arrêt de ma destinée. J'avais un revolver dans ma poche. Tout habillée, elle était assise devant une table, et Efimovitch se tenait près d'elle et faisait des manières. Eh bien, il arriva (c'est à mon honneur que je parle), il arriva ce que j'avais prévu, pressenti, sans avoir bien conscience que je le prévoyais. Je ne sais pas si je me fais comprendre.

Voilà ce qui arriva. Pendant une heure entière j'écoutai, et une heure entière j'assistai à la lutte de la plus noble des femmes avec un être léger, vicieux, stupide, à l'âme rampante. Et d'où vient, pensai-je, surpris, que cette naïve, douce et silencieuse créature sache ainsi combattre? Le plus spirituel des auteurs de comédie de mœurs mondaines ne saurait écrire une pareille scène de raillerie innocente et de vice saintement bafoué par la vertu. Et quel éclat dans ses petites saillies! quelle finesse dans ses reparties vives! quelle vérité dans ses censures ! et en même temps quelle candeur virginale ! Ses déclarations d'amour, ses grands gestes, ses protestations la faisaient rire. Arrivé avec des intentions brutales, et n'attendant pas une semblable résistance, l'officier était écrasé. J'aurais pu croire que cette conduite masquait une simple coquetterie, la coquetterie d'une créature dépravée, mais spirituelle, qui désirait seulement se faire valoir; mais non, la vérité resplendissait comme le soleil; nul doute possible. Ce n'est que par haine fausse et violente pour moi que cette inexpérimentée avait pu se décider à accepter ce rendez-vous, et, près du dénoûment, ses yeux se dessillèrent. Elle n'était que troublée et cherchait seulement un moyen de m'offenser, mais, bien qu'engagée dans la fange de cette aventure, elle n'en put supporter le déréglement. Est-ce cet être pur et sans tache, en puissance d'idéal, que pouvait corrompre un Efimovitch, ou quelque autre de ces gandins du grand monde? Il n'est arrivé qu'à faire rire de lui. La vérité a jailli de son âme, et la colère lui a fait monter aux lèvres le sarcasme. Ce pitre, tout à fait ahuri à la fin, se tenait assis, l'air sombre, parlait par monosyllabes, et je commençais à craindre qu'il ne l'outrageât par basse vengeance. Et, disons-le encore à mon honneur, j'assistais à cette scène presque sans surprise, comme si je l'avais connue d'avance; j'y allais comme à un spectacle ; j'y allais sans ajouter foi aux accusations, quoique j'eusse, il est vrai, un revolver. Et pouvais-je la supposer autre qu'elle-même?

Pourquoi donc l'aimais-je? Pourquoi en faisais-je cas? pourquoi l'avais-je épousée? Ah! certes, à ce moment, j'ai acquis la preuve certaine qu'elle me haïssait, mais aussi la conviction de son innocence. J'interrompis soudain la scène en ouvrant la porte. Éfimovitch sursauta, je la pris par la main et je l'invitai à sortir avec moi. Éfimovitch recouvra sa présence d'esprit et se mit à rire à gorge déployée :

— Ah! contre les droits sacrés de l'époux, fit-il, je ne puis rien, emmenez-la, emmenez-la! Et souvenez-vous, me cria-t-il, que, bien qu'un galant homme ne doive pas se battre avec vous, par considération pour madame, je me tiendrai à votre disposition....... si toutefois vous vous y risquiez.......

— Vous entendez? dis-je en la retenant un instant sur le seuil.

Puis, pas un mot jusqu'à la maison. Je la tenais par la main; elle ne résistait pas, au contraire, elle paraissait stupéfiée, mais cela ne dura que jusqu'à notre arrivée au logis. Là elle s'assit sur une chaise et me regarda fixement. Elle était excessivement pâle. Cependant ses lèvres reprirent leur pli sarcastique, ses yeux leur assurance, leur froid et suprême défi. Elle s'attendait sérieusement à être tuée à coups de revolver. Silencieusement, je le sortis de ma poche et je le posai sur la table. Ses yeux allèrent du revolver à moi. (Notez que ce revolver lui était déjà connu, je le gardais tout chargé depuis l'ouverture de ma maison.) A cette époque, je m'étais décidé à n'avoir ni chien ni grand valet comme Mozer. Chez moi, c'est la cuisinière qui ouvre aux clients. Ceux qui exercent notre métier ne peuvent cependant pas se passer de défense ; j'avais donc toujours mon revolver chargé. Le premier jour de son installation chez moi, elle parut s'intéresser beaucoup à cette arme, elle me demanda de lui en expliquer le mécanisme et le maniement, je le fis, et, une fois, je dus la dissuader de tirer dans une cible. (Notez cela.) Sans m'occuper de ses attitudes fauves, je me couchai à demi habillé. J'étais très-fatigué, il était près de onze heures du soir. Pendant une heure environ, elle resta à sa place, puis elle souffla la bougie et s'étendit sur le divan sans se dévêtir. C'était la première fois que nous ne couchions pas ensemble ; remarquez cela aussi.....

VI

Un terrible souvenir à présent....

Je me réveillai le matin, entre sept et huit heures, je pense. Il faisait déjà presque jour dans la chambre. Je m'éveillai parfaitement tout de suite, je repris la conscience de moi-même et j'ouvris aussitôt les yeux. Elle était près de la table et tenait dans ses mains le revolver. Elle ne voyait pas que je la regardais; elle ne savait pas que j'étais éveillé et que je regardais. Tout à coup je la vois s'approcher de moi, l'arme à la main. Je ferme vivement les yeux et je feins de dormir profondément.

Elle vient près du lit et s'arrête devant moi. J'entendais tout. Bien que le silence fût absolu, j'entendais ce silence. A ce moment se produit une légère convulsion dans mon œil, et soudain, malgré moi, irrésistiblement, mes yeux s'ouvrirent... Elle me regarda fixement ; le canon était déjà près de ma tempe, nos regards se rencontrèrent... ce ne fut qu'un éclair. Je me contraignis à refermer mes paupières, et, rassemblant toutes les forces de ma volonté, je pris la résolution formelle de ne plus bouger, et de ne plus ouvrir les yeux quoi qu'il arrivât.

Il peut se faire qu'un homme profondément endormi ouvre les yeux, qu'il soulève même un instant la tête et paraisse regarder dans la chambre, puis, un moment après, sans avoir repris connaissance, il remet sa tête sur l'oreiller et s'endort inconscient. Quand j'avais rencontré son regard et senti l'arme près de ma tempe, j'avais reclos les paupières sans faire aucun autre mouvement, comme si j'étais dans un profond sommeil; elle pouvait à la rigueur supposer que je dormais réellement, que je n'avais rien vu. D'autant plus qu'il était parfaitement improbable que, si j'avais vu et compris, je fermasse les yeux dans un tel moment.

Oui, c'était improbable. Mais elle pouvait aussi deviner la vérité... Cette idée illumina mon entendement à l'improviste, dans la seconde même. Oh! quel tourbillon de pensées, de sensations envahit, en moins d'un moment, mon esprit! Et vive l'électricité de la pensée humaine! Dans le cas, sentais-je, où elle aurait deviné la vérité, si elle sait que je ne dors pas, ma sérénité devant la mort lui impose, et sa main peut défaillir; en présence d'une impression nouvelle et extraordinaire, elle peut s'arrêter dans l'exécution de son dessein. On sait que les gens placés dans un endroit élevé sont attirés vers l'abîme par une force irrésistible. Je pense que beaucoup de suicides et d'accidents ont été perpétrés par le seul fait que l'arme était déjà dans la main. C'est un abîme aussi, c'est une pente de quarante-cinq degrés sur laquelle il est impossible de ne pas glisser. Quelque chose vous pousse à toucher la gâchette. Mais la croyance où elle pouvait être que j'avais tout vu, que je savais tout, qu'en silence j'attendais d'elle la mort, cette croyance était de nature à la retenir sur la pente.

Le silence se prolongeait. Je sentis près de mes cheveux l'attouchement froid du fer. Vous me demanderiez si j'espérais fermement y échapper, je vous répondrais, comme devant Dieu, que je n'avais plus aucune espérance. Peut-être une chance sur cent. Pourquoi alors attendais-je la mort? Et moi, je demanderai : Que m'importait la vie, puisqu'un être qui m'était cher avait levé le fer sur moi? Je sentais de plus, de toutes les forces de mon être, qu'à cette minute il s'agissait entre nous d'une lutte, d'un duel à mort, duel accepté par ce lâche de la veille, par ce même lâche que jadis on avait chassé d'un régiment! Je sentais cela, et elle le savait si elle avait deviné que je ne dormais pas.

Peut-être tout cela n'est-il pas exact; peut-être ne l'ai-je pas pensé alors, mais tout cela a dû être alors, sans que j'y pense, car, depuis, je n'ai fait qu'y penser toutes les heures de ma vie.

Vous me demanderez pourquoi je ne lui ai pas épargné un assassinat?

Ah! mille fois, depuis, je me suis posé cette question, chaque fois qu'avec un froid dans le dos je me rappelais cet instant. C'est que mon âme nageait alors dans une morne désespérance. Je mourais moi-même, j'étais sur le bord de la tombe, comment aurais-je pu songer à en sauver une autre? Et comment affirmer que j'aurais eu la volonté de sauver quelqu'un? Qui sait ce que j'étais capable de concevoir en une pareille passe?

Cependant mon sang bouillait, le temps s'écoulait, le silence était funèbre. Elle ne quittait pas mon chevet, puis... à un moment donné... je tressaillis d'espérance! j'ouvris les yeux : elle avait quitté la chambre. Je me levai; j'avais vaincu... elle était vaincue pour toujours!

J'allai au samowar; il était toujours dans la première pièce, et c'était elle qui versait le thé; je me mis à table et je pris en silence le verre qu'elle me tendit. Je laissai s'écouler cinq minutes avant de la regarder. Elle était affreusement pâle, plus pâle que la veille, et elle me regardait. Et soudain... et soudain... voyant que je la regardais ainsi... un sourire pâle glissa sur ses lèvres pâles, une question craintive dans ses yeux..... Elle doute encore, me dis-je, elle se demande : Sait-il, ou ne sait-il pas ? a-t-il vu, ou n'a-t-il pas vu ? Je détournai les yeux d'un air indifférent. Après le thé, je sortis, j'allai au marché et j'achetai un lit en fer et un paravent. De retour chez moi, je fis mettre le lit, caché par le paravent, dans la chambre à coucher. Le lit était pour elle, mais je ne lui en parlai pas. Ce lit, sans autre langage, lui fit comprendre que j'avais tout vu, que je savais tout, que je n'avais pas de doute. Pendant la nuit, je laissai le revolver sur la table, comme de coutume. Le soir elle se coucha sans mot dire dans le nouveau lit. Notre mariage était dissous : vaincue et non pardonnée. Pendant la nuit, elle eut le délire. Le matin, une fièvre chaude se déclara. Elle resta alitée six semaines.

VII

Loukéria vient de me déclarer qu'elle me quittera aussitôt après l'enterrement de sa maîtresse. J'ai voulu prier une heure, j'ai dû y renoncer au bout de cinq minutes : c'est que je pense à autre chose, je suis en proie à des idées maladives ; j'ai la tête malade. Alors, pourquoi prier? ce serait péché! Il est étrange aussi que je ne puisse pas dormir; au milieu des plus grands chagrins, après les premières grandes secousses, on peut toujours dormir. Les condamnés à mort dorment, dit-on, très-profondément, pendant leur dernière nuit. C'est nécessaire, d'ailleurs, c'est naturel; sans cela les forces leur feraient défaut... Je me suis couché sur ce divan, mais je n'ai pu dormir.

Pendant les six semaines qu'a duré sa maladie, nous l'avons soignée, Loukéria, une garde expérimentée de l'hôpital, dont je n'ai eu qu'à me louer, et moi. Je n'ai pas ménagé l'argent, je voulais même beaucoup dépenser pour elle; j'ai payé à Schreder, le docteur que j'ai appelé, dix

· · · · · · ·

roubles par visite. Quand elle reprit connaissance, je commençai à moins me faire voir d'elle. Mais, du reste, pourquoi entré-je dans ces détails? Quand elle fut tout à fait sur pied, elle s'installa paisiblement à l'écart, dans la chambre, à une table que je lui avais achetée... Oui, c'est vrai, tous les deux nous gardions un silence absolu... Cependant nous nous mîmes à dire quelques mots, à propos de choses insignifiantes. Moi, certes, j'avais soin de ne pas m'étendre, et je voyais que de son côté elle sentait le besoin de ne dire que le strict nécessaire. Cela me semblait très-naturel. « Elle est trop troublée, trop abattue, pensais-je, et il faut lui laisser le temps d'oublier, de se faire à sa situation. » De la sorte, nous nous taisions, mais à chaque instant je préparais mon attitude à venir. Je croyais qu'elle en faisait autant, et c'était terriblement intéressant pour moi de deviner : A quoi pense-t-elle au moment présent?

Je dois le répéter : personne ne sait ce que j'ai souffert et pleuré pendant sa maladie. Mais j'ai pleuré pour moi seul, et ces sanglots, je les ai cachés dans mon cœur, même devant Loukéria. Je ne pouvais m'imaginer, je ne pouvais supposer qu'elle dût mourir sans avoir rien appris. Et quand le danger eut disparu, quand elle eut recouvré la santé, je me rappelle que je me suis tout à fait et très-vite tranquillisé. Bien plus, je résolus alors de remettre l'organisation de notre avenir à l'époque la plus éloignée possible et de laisser provisoirement tout en l'état. Oui, il m'arriva quelque chose d'étrange, de particulier (je ne puis le définir autrement) : j'avais vaincu, et la seule conscience de ce fait me suffisait parfaitement. C'est ainsi que se passa tout l'hiver. Oh! pendant tout cet hiver, j'étais satisfait comme je ne l'avais jamais été!

Voyez-vous, une terrible circonstance a influé sur ma vie, jusqu'au moment de mon horrible aventure avec ma femme : ce qui m'oppressait chaque jour, chaque heure, c'était la perte de ma réputation, ma sortie du régiment. C'était la tyrannique injustice qui m'avait atteint. Il est vrai que mes camarades ne m'aimaient pas à cause de mon caractère taciturne et peut-être ridicule; il arrive toujours que tout ce qui est en nous de noblesse, de secrète élévation, est trouvé ridicule par la foule des camarades. Personne ne m'a jamais aimé, même à l'école. Partout et toujours on m'a détesté. Loukéri aussi ne pouvait me sentir. Au régiment, toutefois, un hasard avait été la seule cause de l'aversion que j'inspirais; cette aversion avait tous les caractères d'une chose de hasard. Je le dis pour montrer que rien n'est plus offensant, rien n'est moins supportable que d'être perdu par un hasard, par un fait qui aurait pu ne pas se produire, par le résultat d'un malheureux concours de circonstances qui auraient pu passer comme les nuages; pour un être intelligent, c'est dégradant. Voilà ce qui m'était arrivé :

Au théâtre, pendant un entr'acte, j'étais sorti de ma place pour aller au buffet. Un certain officier de hussards, nommé A...ff, entra tout à coup et à haute voix, devant tous les officiers présents, se mit à raconter que le capitaine Bézoumtseff, de mon régiment, avait fait du scandale dans le corridor, et « qu'il paraissait être soûl ». La conversation ne continua pas sur ce sujet, malheureusement, car il n'était pas vrai que le capitaine Bézoumtseff fût ivre, et le prétendu scandale n'en était pas un. Les officiers parlèrent d'autre chose, et tout en resta là ; mais, le lendemain, l'histoire courut le régiment, et l'on dit que je m'étais trouvé seul de mon régiment au buffet quand A...ff avait parlé inconsidérément du capitaine Bézoumtseff, et que j'avais négligé d'arrêter A...ff par une observation. A quel propos l'aurais-je fait? S'il y avait quelque chose de personnel entre Bézoumtseff et lui, c'était affaire à eux deux, et je n'avais pas à m'en mêler. Cependant les officiers opinèrent que cette affaire n'était pas privée, qu'elle intéressait l'honneur du corps, et que, comme j'étais seul du régiment à ce buffet, j'avais montré aux officiers des autres régiments et au public alors présent qu'il pouvait y avoir dans notre régiment certains officiers peu chatouilleux à l'endroit de leur honneur et de celui du corps. Moi, je ne pouvais pas admettre cette interprétation. On me fit savoir qu'il m'était encore possible de tout réparer, si je consentais, quoiqu'il fût bien tard, à demander à A...ff des explications formelles. Je refusai, et comme j'étais très-monté, je refusai avec hauteur. Je donnai aussitôt ma démission, et voilà toute l'histoire. Je me retirai fièrement, et cependant au fond j'étais très-abattu. Je perdis toute force de volonté, toute intelligence. Justement à cette époque mon beau-frère perdit à Moscou tout son avoir et le mien avec. C'était peu de chose, mais cette perte me jeta sans un kopeck sur le pavé. J'aurais pu prendre un emploi civil, mais je ne le voulus pas. Après avoir porté un uniforme étincelant, je ne pouvais pas me montrer quelque part comme employé de chemin de fer. Alors, honte pour honte, opprobre pour opprobre, je préférai tomber tout à fait bas; le plus bas me sembla le meilleur, et je choisis le plus bas. Et puis trois ans de souvenirs sombres et même la maison de refuge. Il y a dix-huit mois mourut à Moscou une riche vieille, qui était ma marraine, et qui me coucha, entre autres, dans son testament, sans que je m'y attendisse, pour la somme de trois mille roubles. Je fis mes réflexions, et sur l'heure mon avenir fut décidé. J'optai pour la caisse de prêts sur gages, sans faire amende honorable à l'humanité: de l'argent à gagner, puis un coin à acheter, puis, — une nouvelle vie loin du passé, voilà quel était mon plan. Cependant ce passé sombre; ma réputation, mon honneur, perdus pour toujours, m'ont écrasé à toute heure, à tout instant. Sur ces entrefaites je me mariai. Fut-ce par hasard ou non, je ne sais. En l'amenant dans ma maison, je croyais y amener une amie : j'avais bien besoin d'un ami. Je pensais toutefois qu'il fallait former peu à peu cet ami, le parachever, l'enlever de haute lutte même. Et comment aurais-je pu, par exemple, sans la fortuite aventure du revolver, lui prouver que je ne suis pas un lâche et lui démontrer l'injustice de l'accusation de lâcheté du régiment? L'aventure du revolver est venue à propos. En restant impassible sous la menace du revolver, j'ai vengé tout le noir passé. Et quoique personne ne l'ait su, elle l'a su, et c'en était assez pour moi, car elle était tout pour moi, toute mon espérance dans le rêve de mon avenir! C'était le seul être que j'eusse formé pour moi, et je n'avais rien à faire d'un autre côté, — et voilà que si elle avait tout appris, au moins il lui était prouvé aussi que c'était injustement qu'elle s'était ralliée à mes ennemis. Cette pensée me transportait. Je ne pouvais plus être un lâche, à ses yeux, mais seulement un homme étrange, et cette opinion chez elle, alors même, après tout ce qui s'était passé, ne me déplaisait point : étrangeté n'est pas vice, quelquefois, au contraire, elle séduit les caractères féminins. En un mot, je remettais le dénoûment à plus tard. Ce qui était arrivé suffisait pour assurer ma tranquillité et contenait assez de visions et de matériaux pour mes rêves. Voilà où se révèlent tous les inconvénients de ma faculté de rêve : pour moi les matériaux étaient en suffisante quantité, et pour elle, pensais-je, elle attendra.

Ainsi se passa tout l'hiver, dans l'attente de quelque chose. J'aimais à la regarder furtivement quand elle était assise à sa table. Elle s'occupait de raccommodages, et le soir, elle passait souvent son temps à lire des ouvrages qu'elle prenait dans ma bibliothèque. Le choix des livres qu'elle faisait dans ma bibliothèque témoignait aussi en ma faveur. Elle ne sortait presque jamais. Le soir, après dîner, je la menais tous les jours se promener, et nous faisions un tour : nous gardions pendant ces promenades le plus absolu silence, comme toujours. J'essayais cependant de n'avoir pas l'air de ne rien dire et de sembler en bonne intelligence, mais, comme je l'ai dit, nous n'avions pas pour cela de longues conversations. Chez moi, c'était volontaire, car je pensais qu'il fallait lui laisser du temps. Chose certainement étrange : pendant presque tout l'hiver je n'ai pas fait cette observation que, tandis que moi je me plaisais à la regarder à la dérobée, elle, je ne l'avais pas surprise une seule fois me regardant! Je croyais à la timidité de sa part. De plus, elle semblait si douce dans cette timidité, si faible après sa maladie... Non, pensais-je, il vaut mieux attendre, et... « un beau jour elle reviendra à toi d'elle-même. »

Cette pensée me plongeait dans des ravissements ineffables. J'ajouterai une chose : quelquefois, comme à plaisir, je me montais l'imagination et artificiellement j'amenais mon esprit et mon âme au point de me persuader que je la détestais en quelque sorte. Il en fut ainsi quelque temps, mais ma haine ne put jamais mûrir, ni subsister en moi, et je sentais moi-même que cette haine n'était qu'une manière de feinte. Et même alors, quoique la rupture de notre union eût été parfaite par suite de l'acquisition du lit et du paravent, jamais, jamais je ne pus voir en elle une criminelle. Ce n'est pas que je jugeasse légèrement son crime, mais je voulais pardonner, dès le premier jour, même avant d'acheter ce lit. Le fait est extraordinaire chez moi, car je suis sévère sur la morale. Au contraire, elle était, à mes yeux, si vaincue, si humiliée, si écrasée, que parfois j'avais grand'pitié d'elle, quoique, après tout, l'idée de son humiliation me satisfît beaucoup. C'est l'idée de notre inégalité qui me souriait.

Il m'arriva cet hiver-là de faire

quelques bonnes actions avec intention.
J'abandonnai deux créances et je prêtai
sans gage à une pauvre femme. Et je n'en
parlai pas à ma femme, je ne l'avais pas
fait pour qu'elle le sût. Mais la bonne
femme vint me remercier et se mit presque
à mes genoux. C'est ainsi que le fait fut
connu, et il me sembla que ma femme
l'apprit avec plaisir.

Cependant le printemps avançait, nous
étions au milieu d'avril; on avait enlevé
les doubles fenêtres, et le soleil mettait
des nappes lumineuses dans le silence de
nos chambres. Mais j'avais un bandeau
sur les yeux, un bandeau qui m'aveuglait.
Le fatal, le terrible bandeau! Comment
se fit-il qu'il tomba tout à coup et que je
vis tout clairement et compris tout? Fut-
ce un hasard, ou bien le temps était-il
venu? Fut-ce un rayon de soleil de ce

printemps qui éveilla en mon âme endormie la conjecture? Un frisson passa un jour dans mes veines inertes, elles commencèrent à vibrer, à revivre pour secouer mon engourdissement et susciter mon diabolique orgueil. Je sursautai soudain sur place. Cela se fit tout à coup, d'ailleurs à l'improviste. C'était un soir après dîner, vers cinq heures...

VIII

Avant tout, deux mots. Un mois auparavant, je fus frappé de son air étrange et pensif. Ce n'était que du silence, mais un silence pensif. Cette remarque fut soudaine aussi chez moi. Elle travaillait alors, courbée sur sa couture, et ne voyait pas que je la regardais. Et je fus frappé alors de sa maigreur, de sa minceur, de la pâleur de son visage, de la blancheur de ses lèvres. Tout cela, son air pensif, me fit beaucoup d'effet. J'avais déjà remarqué chez elle une petite toux sèche, la nuit surtout. Je me levai sur-le-champ et j'allai chercher Schreder sans lui rien dire.

Schreder vint le lendemain. Elle fut fort surprise et se mit à regarder alternativement Schreder et moi.

— Mais, je ne suis pas malade, dit-elle avec un vague sourire.

Schreder ne parut pas prêter à cela grande attention (ces médecins ont quelquefois un légèreté pleine de morgue); il se borna à me dire, arrivé dans la pièce voisine, que c'était un reste de sa maladie, et qu'il ne serait pas mauvais d'aller cet été à la mer, ou, si nous ne le pouvions pas, à la campagne. Enfin il ne dit rien, sinon qu'il y avait un peu de faiblesse ou quelque chose comme ça. Quand Schreder fut parti, elle me dit d'un air très-sérieux :

— Mais je me sens tout à fait, tout à fait bien portante.

Cependant, en disant cela, elle rougit, comme si elle était honteuse. De la honte, oui. Oh! maintenant, je comprends; elle avait honte de voir en moi un mari qui se souciait encore d'elle, comme un vrai mari. Mais je ne compris pas alors et j'attribuai cette rougeur à sa timidité. Le bandeau!

Or donc, un mois après, vers cinq heures, dans une journée ensoleillée du mois d'avril, j'étais assis près de la caisse et je finissais mes comptes. Tout à coup, je l'entends dans la chambre voisine, où elle était assise à sa table de travail, se mettre doucement à chanter.

Une pareille nouveauté me fit la plus vive impression, et, aujourd'hui encore, je ne me rends pas bien compte du fait. Jusqu'à ce moment, je ne l'avais jamais entendue chanter. Si, peut-être cependant, les premiers jours de son installation chez moi, quand nous étions encore d'humeur à nous amuser à tirer à la cible avec le revolver. Sa voix était à cette époque assez forte et sonore, un peu fausse, et cependant agréable et disant la santé. Et maintenant elle chantait d'une voix si faible... Ce n'est pas que la chanson fût trop triste, c'était une romance quelconque, mais il y avait dans sa voix quelque chose de brisé, de cassé; on eût dit qu'elle ne pouvait surmonter ce qui l'empêchait de sortir, on eût dit que c'était la chanson qui était malade. Elle chantait à mi-voix, et tout à coup le son s'interrompit en s'élevant. Cette petite voix si pauvre s'arrêta comme une plainte. Elle toussota, et de nouveau, doucement, doucement, ténu, ténu, elle se reprit à chanter...

Mes émotions prêtent à rire, on ne comprend pas les raisons de mon émotion? Je ne la plaignais pas, c'était quelque chose de tout différent. D'abord, au moins au premier moment, je fus pris d'un étonnement étrange, effrayant, maladif et presque vindicatif. « Elle chante, et devant moi encore! A-t-elle oublié? Qu'est-ce que cela veut dire?» Je restai tout bouleversé, puis je me levai, je pris mon chapeau et je sortis sans songer à ce que je faisais, probablement parce que Loukéria m'avait apporté mon pardessus.

— Elle chante ! dis-je involontairement à Loukéria. Cette fille ne comprit pas et me regarda d'un air ahuri. J'étais effectivement incompréhensible.

— Est-ce que c'est la première fois qu'elle chante ?

— Non, elle chante quelquefois quand vous n'êtes pas là, répondit Loukéria.

Je me rappelle tout. Je m'avançai sur le palier, puis dans la rue, où je me mis à marcher sans savoir où j'allais. Je m'arrêtai au bout de la rue et je regardai devant moi. Des gens passaient, me bousculaient : je ne sentais rien. J'appelai une voiture et je me fis mener jusqu'au pont de la Police, sans savoir pourquoi. Puis je quittai la voiture brusquement, et donnant vingt kopecks au cocher :

— Voilà pour ton dérangement, lui dis-je en riant d'un rire stupide. Mais je sentis en mon âme un transport soudain. Je retournai à la maison en hâtant le pas. Le son de la pauvre petite voix cassée me résonnait dans le cœur. La respiration me manquait. Le bandeau tombait, tombait de mes yeux. Si elle chantait ainsi en ma présence, c'est qu'elle avait oublié mon existence. Voilà ce qui était clair et terrible. C'est mon cœur qui sentait cela. Mais ce transport éclairait mon âme et surmontait ma terreur.

O ironie du sort! Il n'y avait et ne pouvait y avoir en moi, durant cet hiver, quelque autre chose que ce transport, mais, moi-même, où étais-je tout cet hiver? Étais-je auprès de mon âme?

Je montai vivement l'escalier, et je ne sais pas si je ne suis pas entré avec timidité. Je me rappelle seulement qu'il me sembla que le plancher oscillait et que je marchais sur la surface de l'eau d'une rivière. Je pénétrai dans la chambre. Elle était toujours assise à sa place, cousant, la tête baissée, mais elle ne chantait plus. Elle me jeta un regard rapide et inattentif. Ce n'était pas un regard, mais un mouvement machinal et indifférent, comme on a toujours à l'entrée d'une personne quelconque dans une pièce.

J'allai à elle tout droit et je me jetai sur une chaise comme un fou, tout à fait près d'elle. Je lui pris la main, et je me rappelle lui avoir dit quelque chose... c'est-à-dire avoir voulu lui dire quelque chose, car je ne pouvais articuler nettement. Ma voix me trahissait, s'arrêtait dans mon gosier. Je ne savais que dire, la respiration me manquait.

— Causons... tu sais... dis quelque

chose, bégayai-je tout à coup stupidement. Peu m'importait l'intelligence en ce moment. Elle tressaillit de nouveau, et recula tout effarée en me regardant en face. Mais soudain un étonnement sévère se marqua dans ses yeux. Oui, de l'étonnement, de la sévérité et de grands yeux. Cette sévérité, cet étonnement sévère m'attirèrent : « Alors c'est de l'amour, de l'amour encore? » disait cet étonnement sans paroles.

Je lisais clairement en elle. Tout était bouleversé en moi. Je m'affaissai à ses pieds. Oui, je suis tombé à ses pieds. Elle se leva vivement, je la retins par les deux mains avec une force surhumaine.

Et je comprenais parfaitement ma situation désespérée, oh! je la comprenais! Croiriez-vous cependant que tout bouillonnait en moi avec une telle force que je crus mourir? J'embrassais ses pieds dans un accès d'ivresse bienheureuse, ou dans un bonheur sans fin, sans bornes, mais conscient de ma situation désespérée. Je pleurais, je disais des mots sans suite, je ne pouvais pas parler. La frayeur et l'étonnement furent remplacés, sur ses traits, par une pensée soucieuse, pleine d'interrogations, et son regard était étrange, sauvage même, comme si elle se hâtait de comprendre quelque chose; puis elle sourit. Elle marquait beaucoup de honte de me voir embrasser ses pieds, elle les retira. Je baisai aussitôt la terre à la place qu'ils quittaient. Elle le vit, et commença à rire de honte. (Vous savez, quand on rit de honte?) Survint une crise d'hystérie; je m'en aperçus à ses mains qui se mirent à trembler convulsivement. Je n'y fis pas attention, et je continuai à balbutier que je l'aimais, que je ne me relèverais pas : « Donne que je baise ta robe ; je resterais toute ma vie à genoux devant toi... »

Je ne sais plus... je ne me rappelle pas ; elle se mit à trembler, à sangloter. Un terrible accès d'hystérie se déclara. Je lui avais fait peur.

Je la portai sur son lit. Quand l'accès fut passé, je m'assis sur son lit. Elle, l'air très-abattu, me prit les mains et me pria de me calmer. « Allons, ne vous tourmentez pas, calmez-vous. » Elle se reprit à pleurer. Je ne la quittai pas de toute la soirée. Je lui disais que je la mènerais aux bains de mer de Boulogne, tout de suite, dans quinze jours, que sa voix était brisée, que je l'avais bien entendu tout à l'heure, que je fermerais ma maison, que je la vendrais à Dobrourawoff, que nous commencerions une vie nouvelle, et à Boulogne, à Boulogne !

Elle écoutait, toujours craintive. Elle était de plus en plus effarée. Le principal pour moi n'était pas dans tout cela; ce qu'il me fallait surtout, c'était rester à toute force à ses pieds, et baiser, baiser encore le sol où elle avait marché, me prosterner devant elle ! « Et je ne deman-
« derai rien, rien de plus, répétais-je à
« chaque minute. Ne me réponds rien !
« ne fais pas attention à moi. Permets-
« moi seulement de rester dans un coin à
« te regarder seulement. Fais de moi une
« chose à toi, ton chien... »

Elle pleurait.

— Moi qui espérais que vous me laisseriez vivre comme cela ! fit-elle tout à coup malgré elle, tellement malgré elle que peut-être elle ne s'aperçut pas qu'elle l'avait dit.

Et pourtant c'était un mot capital, fatal, compréhensible au plus haut degré pour moi, dans cette soirée! Ce fut comme un coup de couteau dans mon cœur! Ce mot m'expliquait tout, et cependant elle était près de moi, et j'espérais de toutes mes forces, j'étais très-heureux. Oh! je la fatiguai beaucoup, cette soirée-là, je m'en aperçus, mais j'espérais pouvoir tout changer à l'instant. Enfin, à la tombée de la nuit, elle s'affaiblit tout à fait, et je lui persuadai de s'endormir, ce qu'elle fit aussitôt profondément.

Je m'attendais à du délire; il y en eut en effet, mais peu. Toute la nuit je me levai, presque à chaque minute, et je m'approchai doucement d'elle pour la contempler. Je me tordais les mains en voyant cet être maladif sur ce pauvre lit de fer qui m'avait coûté trois roubles. Je me mettais à genoux sans oser baiser les pieds de l'endormie, contre sa volonté ; je commençais une prière, puis je me levais aussitôt. Loukéria m'observait et sortait constamment de sa cuisine : j'allai la trouver et je lui dis d'aller se coucher, que le lendemain nous commencerions une nouvelle existence.

Et je le croyais aveuglément, follement, excessivement! Oh! cet enthousiasme, cet enthousiasme qui m'emplissait! J'attendais seulement le lendemain. L'important était que je ne prévoyais aucun malheur malgré tous ces symptômes. Malgré le bandeau tombé, je n'avais pas de la situation une conscience entière, et longtemps, longtemps encore cette conscience me fit défaut; jusqu'aujourd'hui, jusqu'aujourd'hui même! Et comment ma présence d'esprit pouvait-elle me revenir tout entière à ce moment-là? Elle vivait encore à ce moment-là, elle était ici, devant moi vivante, et moi devant elle. « Demain, pensais-je, elle s'éveillera, je lui dirai tout, et elle comprendra tout. » Voilà mes réflexions d'alors, simples, claires, qui causaient mon enthousiasme!

La grosse affaire, c'était le voyage à Boulogne. Je ne sais pas pourquoi, mais je croyais que Boulogne était tout, que Boulogne donnerait quelque chose de définitif. « A Boulogne, à Boulogne! »... J'attendais fébrilement le matin.

IX

Et il y a seulement quelques jours que c'est arrivé : cinq jours, seulement cinq jours. Mardi dernier! Non, non, si elle avait attendu encore un peu de temps, un rien de temps... j'aurais dissipé toute obscurité! Ne s'était-elle pas tranquillisée déjà? Le lendemain même elle me regardait avec un sourire, malgré ma confusion... L'important, c'est que pendant tout ce temps, pendant ces cinq jours, il y avait chez elle un certain embarras, une certaine honte. Elle avait peur aussi, elle avait très-peur. J'admets le fait et je ne me contredirai pas comme un fou, cette peur existait, et comment n'aurait-elle pas existé? Il y avait déjà si longtemps que nous étions éloignés l'un de l'autre, si séparés l'un de l'autre, et, tout à coup, tout cela... Mais je ne prenais pas garde à sa frayeur, une espérance nouvelle luisait à mes yeux!... Il est vrai, indubitablement vrai, que j'ai commis une faute.

Il est même probable que j'en ai commis plusieurs. Quand nous nous sommes réveillés, dès le matin (c'était mercredi) j'ai commis une faute : je l'ai considérée tout de suite comme mon amie. C'était aller trop vite, beaucoup trop vite, mais j'avais besoin de me confesser, un besoin impérieux, il me fallait même plus qu'une confession! J'allai si loin que je lui avouai des choses que je m'étais caché à moi-même toute ma vie. Je lui avouai aussi sans détour que tout cet hiver je n'avais pas douté de son amour pour moi. Je lui expliquai que l'établissement de ma maison de prêt n'avait été qu'une défaillance de ma volonté et de mon esprit, une œuvre à la fois de mortification et de vaine gloire. Je lui confessai que la scène du buffet du théâtre n'avait été qu'une lâcheté de mon caractère, de mon esprit défiant : c'était le décor de ce buffet qui m'avait impressionné. Voilà ce que je m'étais dit : « Comment en sortirai-je? Ma sortie ne sera-t-elle pas ridicule? » J'avais eu peur non pas d'un duel, mais du ridicule... Ensuite je n'avais plus voulu en démordre. J'avais tourmenté tout le monde, depuis lors, à cause de cela, je ne l'avais épousée que pour la torturer.

En général, je parlais presque constamment, comme dans le délire. Elle, elle me prenait les mains et me priait de m'arrêter : « Vous exagérez, disait-elle; vous vous faites du mal. » Et ses larmes se reprenaient à couler presque par torrents! Elle me priait de ne pas continuer, de ne pas rappeler ces souvenirs.

Je ne faisais pas attention à ces prières, ou du moins pas assez attention : le printemps! Boulogne! Là le soleil, là notre nouveau soleil, c'est cela que je répétais sans cesse! Je fermai ma maison, je passai mes affaires à Dobrourawoff, j'allai même subitement jusqu'à lui proposer de tout donner aux pauvres, hormis les trois mille roubles hérités de ma marraine, avec lesquels nous serions allés à Boulogne. Et puis, en revenant, nous aurions commencé une nouvelle vie de travail. Cela me parut entendu, car elle ne me répondit rien... elle sourit seulement. Je crois qu'elle a souri par délicatesse, pour ne pas me chagriner. Je voyais, en effet, que je lui étais à charge ; ne croyez pas que j'étais assez sot, assez égoïste pour ne pas m'en apercevoir. Je voyais tout, jusqu'aux plus petits faits ; je voyais, je savais mieux que personne; tout mon désespoir s'étendait devant moi !

Je lui racontais constamment des détails

sur elle et sur moi, et aussi sur Loukéria. Je lui racontais que j'avais pleuré... Oh! je changeais de conversation, je tâchais aussi de ne pas trop comprendre certaines choses. Elle, elle s'animait quelquefois, une ou deux fois elle s'est animée, je me le rappelle! Pourquoi prétendre que je ne regardais, que je ne voyais rien? Si seulement *cela* n'était pas arrivé, tout se serait arrangé. Mais, elle-même, ne me racontait-elle pas, il y a trois jours, quand nous avons parlé de ses lectures, de ce qu'elle avait lu pendant l'hiver, ne riait-elle pas en me racontant la scène de Gil Blas et de l'archevêque de Grenade? Et quel rire d'enfant, charmant, comme jadis lorsqu'elle était encore ma fiancée! (Un moment encore, un moment!) Comme je me réjouissais! Il m'étonnait beaucoup d'ailleurs, l'incident à propos de l'archevêque : elle avait donc gardé pendant l'hiver assez de présence d'esprit et de bonne humeur pour rire à la lecture de ce chef-d'œuvre? Elle commençait à se tranquilliser complétement, à croire sérieusement que je la laisserais vivre *comme cela* : « Moi qui espérais que vous me laisseriez vivre *comme cela* », voilà ce qu'elle m'avait dit le mardi! Oh! quelle pensée d'enfant de dix ans! Et elle croyait qu'en effet je la laisserais vivre *comme cela :* elle à sa table, moi à mon bureau, et ainsi de suite jusqu'à soixante ans. Et voilà tout à coup que je viens en mari, et il faut de l'amour au mari! Malentendu! Aveuglement!

J'avais le tort aussi de trop m'extasier en la regardant. J'aurais dû me contenir, car mes transports lui faisaient peur. Je me contenais, d'ailleurs, je ne lui baisais plus les pieds. Je n'ai pas une seule fois eu l'air de... enfin de lui faire voir que j'étais son mari. Cela ne me serait pas même venu à l'idée, je suppliais seulement! Je ne pouvais pas ne rien dire absolument, me taire! Je lui ai ouvert soudain tout mon cœur, en lui avouant que sa conversation me ravissait, qu'elle était incomparablement plus instruite et plus développée que moi. Elle rougit beaucoup, et, toute confuse, elle prétendit encore que j'exagérais. Alors, par bêtise, sans pouvoir me contenir, je lui dépeignis mon ravissement quand, derrière la porte, j'avais assisté à la lutte de son innocence aux prises avec ce drôle, combien son esprit, l'éclat de ses saillies et tout à la fois sa naïveté enfantine m'avaient enchanté. Elle tressaillit de la tête aux pieds et balbutia encore que j'exagérais.

Mais soudainement son visage s'assombrit, elle cacha sa tête dans ses mains et se mit à pleurer à chaudes larmes...

Alors je ne pus moi-même me contenir : je tombai une fois de plus à ses pieds, je baisai ses pieds, et tout finit par une crise d'hystérie, comme le mardi précédent. C'était bien pire, et, le lendemain...

Le lendemain! Fou que je suis! ce lendemain, c'est aujourd'hui, tout à l'heure!

Écoutez et suivez-moi bien : Quand nous nous sommes réunis pour prendre le thé (après l'accès que je viens de dire), sa tranquillité m'a frappé. Elle était tranquille! Et moi, toute la nuit, j'avais frissonné de terreur eu songeant aux rêves de la veille. Voilà que tout à coup elle s'approche de moi, se place devant moi, joint les mains (c'était tout à l'heure!) et parle. Elle dit qu'elle est une criminelle, qu'elle le sait, que l'idée de son crime l'a torturée tout l'hiver et la torture encore... qu'elle apprécie ma générosité..... « Je serai pour vous une femme fidèle et je vous estimerai. » Ici je me dressai, et, comme un fou, je la pris dans mes bras! Je l'embrassai, je couvris son visage et ses lèvres de baisers, comme un homme qui vient de retrouver sa femme après une longue absence. Et pourquoi l'ai-je quittée tout à l'heure? Pendant deux heures? C'était pour nos passe-ports...Oh! mon Dieu!.....

Loukéria (oh! maintenant je ne la laisserai pas partir, Loukéria, pour rien au monde; elle a été là tout l'hiver, elle pourra me raconter...), Loukéria dit que, quand j'ai eu quitté la maison et seulement une vingtaine de minutes avant mon retour, elle est entrée chez sa maîtresse pour lui demander quelque chose, je crois. Elle a remarqué que son image de la Vierge (l'image en question) avait été déplacée et posée sur la table, comme si sa maîtresse venait de faire sa prière.

— Qu'avez-vous, maîtresse?

— Rien, Loukéria; va-t'en..... Attends, Loukéria.

Elle s'approcha d'elle et l'embrassa.

— Êtes-vous heureuse, maîtresse?

— Oui, Loukéria.

— Le maître aurait dû depuis longtemps vous demander pardon, maîtresse. Vous êtes réconciliés : que Dieu soit loué.

— C'est bien, Loukéria. — Va, Loukéria.

Elle sourit d'un air étrange. Si étrange que Loukéria revint dix minutes après pour voir ce qu'elle faisait :

« Elle se tenait contre le mur, près de
« la fenêtre, appuyée sur sa main collée au
« mur. Elle restait comme cela pensive.
« Elle était si absorbée qu'elle ne m'avait
« pas entendue m'approcher et la regarder
« de l'autre pièce. Je la vois faire comme
« si elle souriait. Elle restait debout, en
« ayant l'air de réfléchir, et elle souriait.
« Je lui jette un dernier coup d'œil et je
« m'en vais sans faire de bruit, en pensant
« à ça. Mais voilà que j'entends tout à
« coup ouvrir la fenêtre. J'accours aussitôt
« et je lui dis : Il fait frais, maîtresse, vous
« allez prendre froid. Mais voilà que je
« l'aperçois debout sur la fenêtre, debout
« de toute sa longueur sur la fenêtre ou-
« verte. Elle me tournait le dos et tenait
« à la main l'image de la Vierge. Le cœur
« me tourne et je crie : Maîtresse! maî-
« tresse! Elle entend, elle fait le geste de

« retourner vers la chambre, mais elle ne
« se retourne pas, elle fait un pas en avant,
« serre l'image contre sa poitrine et se
« jette! »

Je me rappelle seulement qu'elle était encore toute chaude quand je suis arrivé à la porte cochère. Et tout le monde me regardait. Tous parlaient avant mon arrivée; on se tut en me voyant et l'on se rangea pour me laisser passer, et..... elle était étendue à terre avec son image. Je me rappelle comme une ombre à travers laquelle je me suis avancé, et j'ai regardé longtemps. Et tout le monde m'entourait et me parlait sans que j'entendisse. Loukéria était là, mais je ne la voyais pas. Elle m'a dit m'avoir parlé. Je vois seulement encore la figure d'un bourgeois qui me répétait sans cesse : « Il lui est sorti de la bouche une boule de sang, monsieur, une boule de sang ! » Et il me montrait le sang sur le pavé, à la place. Il me semble avoir touché le sang avec le doigt. Cela fit une tache sur mon doigt, que je regardai. Cela, je me le rappelle. Et le bourgeois me disait toujours : « Une boule de sang, monsieur, une boule de sang..... »

— Quoi, une boule de sang ! criai-je, dit-on, de toutes mes forces, et je me jetai sur lui les mains levées.....

Oh ! sauvage ! sauvage !..... Malentendu ! invraisemblance ! impossibilité !

X

N'est-il pas vrai ? N'est-ce point invraisemblable ? — Ne peut-on dire que c'est impossible? Pourquoi, pour quelle raison cette femme est-elle morte?

Croyez-moi, je comprends, mais cependant le pourquoi de sa mort est tout de même une question. Elle a eu peur de mon amour. Elle s'est sérieusement demandé : Faut-il accepter cette vie, ou non? Elle n'a pu se décider, elle a mieux aimé mourir. Je sais, je sais qu'il n'y a pas tant à chercher : elle m'avait trop promis, elle a eu peur de ne pas pouvoir tenir. Il y a eu plusieurs circonstances tout à fait terribles.

Pourquoi est-elle morte? voilà la question toujours, la question qui me brise le cerveau. Je l'aurais laissée vivre *comme cela,* comme elle disait, si elle avait voulu vivre *comme cela.* Elle ne l'a pas cru, voilà le fait..... Non, non, je me trompe, ce n'est pas cela. C'est probablement parce que, moi, il fallait m'aimer honnêtement, avec son âme, et non comme elle aurait pu aimer l'épicier. Et comme elle était trop chaste, trop pure pour consentir à ne me donner qu'un amour digne de l'épicier, elle n'a pas voulu me tromper en me donnant pour un amour une moitié d'amour, un quart d'amour. Trop grande honnêteté! Et moi qui voulais lui inculquer de la grandeur d'âme, vous vous souvenez? Singulière pensée.

C'est très-étrange. M'estimait-elle? Je ne sais pas. Je ne crois pas qu'elle me méprisât. Il est très-extraordinaire qu'il ne me soit pas venu à l'idée une seule fois, pendant tout l'hiver, qu'elle pouvait me mépriser. J'ai cru le contraire très-fermement jusqu'au jour où elle m'a regardé avec un étonnement sévère. Oui, sévère. C'est alors que j'ai compris à l'instant qu'elle me méprisait. Je l'ai compris irrémédiablement et pour jamais. Ah! elle pouvait bien me mépriser toute sa vie pourvu qu'elle eût consenti à vivre! Tout à l'heure encore elle marchait, elle parlait! Je ne puis comprendre comment elle a pu se jeter par la fenêtre! Et comment même supposer cela cinq minutes auparavant? J'ai appelé Loukéria. Je ne me séparerai jamais de Loukéria maintenant.

Ah! nous aurions pu nous entendre encore! Nous nous étions seulement beaucoup déshabitués l'un de l'autre pendant cet hiver... N'aurions-nous pas pu nous accoutumer de nouveau l'un à l'autre? Pourquoi n'aurions-nous pas pu nous reprendre d'affection l'un pour l'autre et commencer une vie nouvelle? Moi, je suis généreux, elle l'est aussi : voilà un terrain de conciliation, quelques mots de plus, deux jours de plus, et elle aurait tout compris.

Ce qui est malheureux, c'est que c'est un hasard, un simple, un grossier, un inerte hasard! Voilà le malheur! Cinq minutes trop tard... Si j'étais revenu cinq minutes plus tôt, cette impression momentanée se serait dissipée comme un nuage et n'aurait jamais repris son cerveau. Elle aurait fini par tout comprendre. Et maintenant, de nouveau des pièces vides, de nouveau la solitude... Le balancier continue à battre; ce n'est pas son affaire, à lui, il n'a point de regrets. Il n'a personne au monde... voilà le malheur.

Je me promène, je me promène toujours. Je sais, je sais, ne me le soufflez pas : mon regret du hasard, des cinq minutes de retard, vous semble ridicule? Mais l'évidence est là. Considérez une chose : elle

ne m'a pas seulement laissé écrit le mot :
« N'accusez personne de ma mort », qui
est usité en pareil cas. Ne pouvait-elle
songer qu'on soupçonnerait peut-être
Loukéria? Car enfin : « Vous étiez seule
avec elle, c'est donc vous qui l'avez
poussée », voilà l'accusation possible.
Au moins pouvait-on inquiéter Loukéria injustement, si quatre personnes ne
s'étaient pas trouvées dans la cour pour
la voir, son image à la main, au moment
où elle se jetait. Mais c'est aussi un hasard
qu'il se soit trouvé du monde po"r la voir !
Non, tout ceci est venu d'un moment
d'aberration; une surprise, une tentation
subite! Et qu'est-ce que ça prouve qu'elle
priât devant l'image? Cela ne prouve point
que ce fût en prévision de la mort. La
durée de cet instant a peut-être seulement été de dix minutes. Elle n'a peut-être

pris sa résolution qu'au moment où elle s'appuyait au mur, la tête dans sa main, en souriant. Une idée lui a passé par la tête, elle y a tourbillonné; elle n'a pu y résister.

Il y a eu un malentendu évident, si vous voulez. Avec moi, on peut encore vivre..... Et si c'était réellement de l'anémie, simplement de l'anémie? quelque épuisement d'énergie vitale? Cet hiver l'avait trop épuisée; voilà la cause...

Un retard!!!

Quelle maigreur dans cette bière! Comme son nez semble pincé! Les cils sont en forme de flèches. Et elle est tombée de manière à n'avoir rien de cassé, rien d'écrasé. Rien que cette « boule de sang ». Une cuillerée à dessert. La commotion intérieure. Étrange pensée : si l'on pouvait ne pas l'enterrer?

Car si on l'emporte, si... Oh! non, il est impossible qu'on l'emporte! Ah! je sais bien qu'on doit l'emporter; je ne suis pas fou et je ne délire pas. Au contraire, jamais ma pensée n'a été plus lucide. Mais comment, alors! comme autrefois! personne ici, seul avec mes gages. Le délire, le délire, voilà le délire! Je l'ai torturée jusqu'à la fin, voilà pourquoi elle est morte!

Que m'importent vos lois? Que me font vos mœurs, vos usages, vos habitudes, votre gouvernement, votre religion? Que votre magistrature me juge. Qu'on me traîne devant vos tribunaux, devant vos tribunaux publics, et je dirai que je nie tout. Le juge criera : « Silence, officier! » Et moi, je lui crierai : « Quelle force as-tu pour que je t'obéisse? Pourquoi votre sombre milieu a-t-il étouffé tout ce qui m'était cher? A quoi me servent toutes vos lois maintenant? Je les foule aux pieds! Tout m'est égal! »

Aveugle, aveugle! Elle est morte, elle ne m'entend pas! Tu ne sais pas dans quel paradis je t'aurais menée. J'avais les cieux dans mon âme, je les aurais répandus autour de toi! Tu ne m'aurais pas aimé? eh bien, qu'est-ce que ça fait? nous aurions continué *comme cela*. Tu m'aurais parlé comme à un ami, cela aurait suffi pour nous rendre heureux, nous aurions ri ensemble joyeusement en nous regardant dans les yeux; c'est *comme cela* que nous aurions vécu. Et si tu en avais aimé un autre, eh bien, soit! Tu aurais été le voir, tu aurais ri avec lui, et moi, de l'autre côté de la rue, je t'aurais regardée... Oh! tout, tout, mais ouvre seulement les yeux! Une fois, un instant! un instant! Tu me regarderais, et, comme tout à l'heure, tu me jurerais d'être toujours ma femme fidèle! D'un seul regard, cette fois, je te ferais tout comprendre.

Immobilité! O nature inerte! Les hommes sont seuls sur la terre, voilà le mal! « Y a-t-il aux champs un homme vivant? » s'écrie le chevalier russe[1]. Moi, je crie aussi, sans être le chevalier, et aucune voix ne me répond. On dit que le soleil vivifie l'univers. Le soleil se lève, regardez-le : n'est-ce point un mort? Il n'y a que des morts. Tout est la mort. Les hommes sont seuls, environnés de silence. Voilà la terre! « Hommes, aimez-vous les uns les autres. » Qui a dit cela? Quel est ce commandement? Le balancier continue à battre, insensible..... quel dégoût! Deux

[1] Citation des anciens livres de la Légende slave.

heures du matin. Ses petites bottines l'attendent au pied de son petit lit... Quand on l'emportera demain, sérieusement, que deviendrai-je?

L'ARBRE DE NOËL

TRADUIT DU RUSSE

PAR E. HALPERINE

L'ARBRE DE NOËL

...Dans une grande ville, à la veille de Noël, par un froid vif, je vois un jeune enfant, tout petit encore, de six ans, peut-être moins même, pas assez grand pour qu'on le fasse déjà mendier, mais assez pour que dans un an ou deux on l'y envoie assurément. Cet enfant se réveille un matin dans une cave humide et froide. Il est enveloppé d'une sorte de méchante petite robe de chambre et frissonne. Sa respiration sort en vapeur blanche : il est assis dans un coin, sur une malle ; pour se désennuyer, il active exprès l'haleine de sa bouche, et s'amuse à la voir s'échapper. Mais il a très-faim. Plusieurs fois déjà depuis le matin il s'est approché du lit de planches recouvert d'une paillasse mince comme un crêpe, où est couchée sa mère malade, la tête appuyée, en guise d'oreiller, sur un paquet de hardes.

Comment est-elle là? Elle sera venue probablement, avec son enfant, d'une ville étrangère, et elle sera tombée malade. La propriétaire du taudis a été, il y a deux jours, arrêtée et menée au poste; c'est fête ce jour-là, et les autres locataires sont sortis. Cependant, un de ces porte-nippes est resté couché depuis vingt-quatre heures, ivre-mort avant d'avoir attendu la fête. D'un autre coin sourdent les plaintes d'une vieille de quatre-vingts ans, percluse de rhumatismes. Cette vieille a été bonne d'enfant jadis, quelque part ; maintenant elle se meurt toute seule, elle geint, gémit, grogne après le petit, qui commence à craindre d'approcher du coin où elle râle. Il a bien trouvé à boire dans le corridor, mais il n'a pu mettre la main sur le moindre croûton de pain, et, pour la dixième fois, il vient réveiller sa mère. C'est qu'il finit par prendre peur en cette obscurité ; la soirée est déjà avancée, et on n'allume pas de feu. Il trouve à tâtons le visage de sa mère et s'étonne qu'elle ne bouge plus et qu'elle soit devenue aussi froide que la muraille. « Il fait donc si froid ! » pense-t-il. Il reste quelque temps sans bouger, la main sur l'épaule de la morte, puis il se met à souffler dans ses doigts pour les réchauffer, et, rencontrant sa petite calotte sur le lit, il cherche doucement la porte et sort du sous-sol. Il serait sorti plus tôt s'il n'avait eu peur du grand chien qui, là-haut, sur le palier, à la porte du voisin, aboie toute la journée. Mais le chien n'est plus là, et voici l'enfant dans la rue. — « Mon Dieu ! quelle ville ! Jamais encore il n'a vu rien de pareil. Là-bas, d'où il vient, la nuit, il fait bien plus noir, il n'y a qu'une lanterne pour toute la rue ; de petites maisons basses en bois, fermées avec des volets ; dans la rue, dès qu'il fait noir, personne ; tout le monde s'enferme chez soi ; seulement une foule de chiens qui hurlent, des centaines, des milliers de chiens qui hurlent et aboient toute la nuit. Mais en revanche, là-bas, il faisait si chaud ! et l'on donnait à manger. Ici, mon Dieu ! comme ce serait bon de manger ! quel tapage, ici, quel tonnerre ! quelle lumière et quel monde ! que de chevaux et de voitures ! Et le froid, le froid! Le corps des chevaux las fume froid, et leurs naseaux brûlants soufflent blanc; leurs fers sonnent sur le pavé à travers la neige molle. Et comme tout le monde se bouscule!... Mon Dieu! que je voudrais manger! un petit morceau de quelque chose... Voilà que ça me fait mal aux doigts... »

Un garde de paix vient de passer et a tourné la tête pour ne pas voir l'enfant.

« Voilà encore une rue,... oh! qu'elle est large! On va m'écraser ici, pour sûr; Comme ils crient tous, comme ils courent, comme ils roulent... et de la lumière, et de la lumière! Et ça, qu'est-ce que c'est? Oh! quel grand carreau! Et derrière le carreau, une chambre, et dans la chambre un arbre qui monte jusqu'au plafond ; c'est l'arbre de Noël... et que de lumières sous l'arbre ! il y en a, des papiers d'or et des pommes ! et tout autour des poupées, des petits dadas. Il y a des petits enfants dans la chambre, bien habillés, tout propres ; ils rient, ils jouent, ils mangent, ils boivent des choses. Voilà une petite fille qui se met à danser avec le petit garçon : comme elle est jolie, la petite fille ! voilà de la musique, on entend à travers le verre... »

L'enfant regarde, admire, et il rit déjà ; il ne sent plus de mal aux doigts ni aux pieds, les doigts de sa main sont devenus tout à fait rouges, il ne peut plus les plier, et cela lui fait mal de les remuer... mais voilà tout à coup qu'il sent qu'il a mal aux doigts : il pleure et s'éloigne. Il aperçoit, à travers une autre vitre, une autre pièce et encore des arbres et des gâteaux de toutes sortes sur la table, des amandes rouges, jaunes. Quatre belles dames sont assises, et quand quelqu'un arrive, on lui donne du gâteau; et la porte s'ouvre à chaque instant, il entre beaucoup de messieurs. Le petit s'est glissé, a ouvert tout à coup la porte et est entré. Oh! quel bruit on a fait en le voyant, quelle agitation! Aussitôt une dame s'est levée, lui a mis un kopeck dans la main, et lui a ouvert elle-même la porte de la rue. Comme il a eu peur!

Le kopeck lui est tombé des mains et a résonné sur la marche de l'escalier : il ne pouvait plus serrer ses petits doigts rouges assez pour tenir la pièce. Il sortit en courant, l'enfant, et marcha vite, vite. Où allait-il? il ne savait pas. Il voudrait bien pleurer encore, mais il a trop peur. Et il court, il court, il souffle dans ses mains. Et le chagrin le prend : il se sent si seul, si effaré! et soudain, mon Dieu! qu'est-ce donc encore? Une foule de gens qui se tiennent là et admirent : « A une fenêtre, derrière le carreau, trois poupées, jolies, habillées de riches petites robes rouges et jaunes, et tout à fait, tout à fait comme si elles étaient vivantes! Et ce petit vieux assis qui semble jouer sur un violon. Il y en a aussi deux autres, debout, qui jouent sur de petits, petits violons et remuent la tête en mesure. Ils se regardent l'un l'autre, et leurs lèvres bougent : ils parlent vraiment! Seulement on ne les entend pas à travers le verre. » Et l'enfant pense d'abord qu'ils sont vivants, et quand il comprend que ce sont des poupées, il se met à rire.

Jamais il n'a vu de pareilles poupées, et il ne savait pas qu'il y en avait comme ça! Et il voudrait pleurer, mais c'est si drôle, elles sont si drôles, ces poupées!

Tout à coup, il se sent saisi par son vêtement; il y a près de lui un grand méchant garçon qui lui assène un coup de poing sur la tête, lui arrache sa calotte, et lui donne un croc-en-jambe.

Il tombe, l'enfant. En même temps, on crie; il reste un moment tout roide de frayeur, puis il se lève d'un bond et il court, court, enfile une porte cochère, quelque part, et se cache dans une cour, derrière un tas de bois : « Ici l'on ne me trouvera pas; il fait sombre ici. »

Il s'accroupit et se recroqueville; dans

sa frayeur, il peut à peine respirer.

Et, subitement, il sent un bien-être : ses petites mains et ses petits pieds ne lui font plus du tout mal, et il a chaud, chaud comme près d'un poêle, et tout son corps tressaille. « Ah! il va s'endormir! comme il fait bon dormir ici! Je resterai ici un peu, et puis j'irai encore voir les poupées », pensait le petit, et il sourit au souvenir des poupées. « Tout à fait comme si elles étaient vivantes!... »

Puis, voilà qu'il entend la chanson de sa mère. « Maman, je dors... ah! comme on est bien ici pour dormir! »

— Viens chez moi, petit garçon, voir l'arbre de Noël, fit une voix douce.

Il pensa d'abord que c'était sa mère; mais non, ce n'était pas elle.

Qui donc l'appelle? Il ne voit pas. Mais quelqu'un se penche sur lui et l'enveloppe dans l'obscurité; et lui, il tend la main et... tout à coup... Oh! quelle lumière! Oh! quel arbre de Noël! Non, ce n'est pas un arbre de Noël, il n'en a jamais vu de semblable!

Où se trouve-t-il maintenant? Tout reluit, tout rayonne, et des poupées tout autour; mais non, pas des poupées, des petits garçons, des petites filles, seulement ils sont bien brillants. Tous ils tournent autour de lui, ils volent, ils l'embrassent, le prennent, l'emportent, et lui-même s'envole. Et il voit sa mère le regarder et lui rire gaiement.

— Maman! maman! ah! comme il fait bon ici! lui crie le petit. Et de nouveau il embrasse les enfants et il voudrait bien leur raconter l'histoire des poupées derrière le carreau. Qui êtes-vous, petites filles? demande-t-il en riant et en les aimant.

C'est l'arbre de Noël à Jésus.

Chez Jésus, ce jour-là, il y a toujours un arbre de Noël pour les petits enfants qui n'ont pas leur arbre à eux...

Et il apprit que tous ces petits garçons et toutes ces petites filles étaient des enfants comme lui, les uns morts de froid dans les corbeilles où on les a abandonnés à la porte des fonctionnaires de Saint-Pétersbourg, les autres morts en nourrice dans les isbas sans air des Tchaukhnas, quelques-uns morts de faim au sein tari de leur mère, pendant la famine, d'autres empoisonnés par l'infection des wagons de troisième classe. Tous sont ici maintenant, tous des petits anges maintenant, tous chez Jésus, et *Lui-même* parmi eux, étendant sur eux les mains, les bénissant, eux et les pécheresses leurs mères...

Et aussi les mères de ces enfants sont

là, à l'écart, et pleurent; chacune reconnaît son fils ou sa fille, et les enfants volent vers elles, les embrassent, essuient leurs larmes avec leurs petites mains, et les supplient de ne pas pleurer, car ils se sentent si bien là...

Et en bas, le matin, le concierge a trouvé le petit cadavre de l'enfant réfugié dans la cour, refroidi derrière la pile de bois. On a trouvé aussi sa mère...

Elle était morte avant lui; tous les deux se sont revus dans les cieux, dans la maison du Seigneur.....

LE PETIT HÉROS

TRADUIT DU RUSSE

PAR MADAME ÉLISE FÉTISSOFF

LE PETIT HÉROS

Je n'avais pas encore onze ans, lorsqu'au mois de juillet on m'envoya passer quelque temps aux environs de Moscou, dans une terre appartenant à un de mes parents, M. T***, qui continuellement réunissait alors chez lui une cinquantaine d'invités, peut-être même davantage; car, je dois le dire, ces souvenirs sont lointains !

Tout y était gai et animé; c'était une fête perpétuelle. Notre hôte paraissait s'être juré de dissiper le plus vite possible son immense fortune; et, en effet, il réussit rapidement à résoudre ce problème : il jeta si bien l'argent par les fenêtres, que bientôt il n'en resta plus vestige. A chaque instant arrivaient de nouveaux hôtes : on était là tout près de Moscou, que l'on voyait à l'horizon, de sorte que ceux qui partaient cédaient la place à de nouveaux venus, et la fête continuait toujours. Les divertissements se suivaient sans interruption, et l'on n'en voyait pas la fin : parties de cheval dans les environs, excursions dans la forêt et promenades en bateau sur la rivière; festins, dîners champêtres, soupers sur la grande terrasse bordée de trois rangées de fleurs rares, qui répandaient leurs parfums dans l'air frais de la nuit. Les femmes, presque toutes jolies, semblaient, à la lueur d'une illumination féerique, encore plus belles, avec leurs yeux étincelants et le visage animé par les impressions du jour.

Les conversations se croisaient, vivement interrompues par de sonores éclats de rire; puis c'étaient des danses, des chants, de la musique; si le ciel s'obscurcissait, on organisait des tableaux vivants, des charades, des proverbes, des spectacles; il y avait aussi des beaux parleurs, des conteurs, des faiseurs de bons mots. Certes, tout cela ne se passait pas sans médisances et sans commérages, car autrement le monde ne saurait exister, et des millions de personnes mourraient d'ennui. Mais comme je n'avais que onze ans, je n'y prêtais aucune attention, absorbé que j'étais par mes propres idées; et d'ailleurs, si j'avais remarqué quelque chose, je n'aurais pu m'en rendre compte, tellement j'étais ébloui par le côté brillant du tableau qui frappait mes yeux d'enfant; ce n'est que plus tard que tout m'est revenu par hasard à la mémoire, et que j'ai compris ce que j'avais vu et entendu à cette époque. Quoi qu'il en soit, cet éclat, cette animation, ce bruit que j'avais ignoré jusque-là, m'impressionnèrent d'une telle manière que les premiers jours je me sentis comme perdu et que j'eus le vertige.

Je parle toujours de mes onze ans, c'est qu'en effet j'étais un enfant, rien qu'un enfant. Parmi les jeunes femmes, plusieurs me caressaient volontiers, mais ne songeaient guère à s'informer de mon âge; cependant, — chose étrange! — un sentiment, que j'ignorais encore, s'était emparé de moi, et quelque chose s'agitait vaguement dans mon cœur. Pourquoi ce cœur battait-il si fort par moments, et pourquoi mon visage se couvrait-il de subites rougeurs? Tantôt je me sentais confus et comme humilié de mes priviléges d'enfant; tantôt j'étais envahi par une sorte d'étonnement et j'allais me cacher là où personne ne pouvait me trouver. Je cherchais alors à reprendre haleine; j'étais hanté par un vague ressouvenir qui m'échappait soudain, sans lequel je me figurais pourtant que je ne pouvais me montrer et dont il m'était impossible de me passer. Tantôt il me semblait que je me dissimulais à moi-même quelque chose que je n'aurais jamais révélé à personne, et moi, petit homme, je me sentais parfois des mouvements de honte au point d'en verser des larmes.

Bientôt je me trouvai isolé dans le tourbillon qui m'entourait. Parmi nous il y avait d'autres enfants; mais tous étaient beaucoup plus jeunes ou beaucoup plus âgés que moi, et je ne me souciais pas d'eux.

Rien ne me fût arrivé, pourtant, s'il ne s'était produit une circonstance exceptionnelle. Pour ces belles dames, je n'étais qu'un petit être insignifiant qu'elles aimaient à combler de caresses, et avec lequel elles pouvaient jouer à la poupée. L'une d'elles, surtout, une ravissante jeune femme blonde, ayant une épaisse et magnifique chevelure, comme je n'en avais jamais vu, et comme je n'en rencontrerai certainement plus jamais de pareille, semblait s'être juré de ne pas me laisser tranquille. Elle s'amusait, tandis que moi j'en étais tout troublé, à provoquer l'hilarité générale, à chaque instant, par de brusques folies dont j'étais la victime, ce qui lui causait une grande joie.

En pension, ses compagnes l'eussent traitée de vraie gamine. Elle était merveilleusement belle; il y avait je ne sais quoi en elle qui saisissait immédiatement. Elle ne ressemblait sous aucun rapport à ces modestes petites blondes, douces comme un duvet et délicates comme de jeunes souris blanches ou comme des filles de pasteur. Elle était petite et grassouillette, mais son visage, modelé à ravir, était du dessin le plus délicat et le plus fin. Comme le feu, elle était vive, rapide et légère. Parfois le reflet d'un éclair passait sur son visage; ses grands yeux francs, brillants comme des diamants, lançaient alors des étincelles; je n'aurais jamais échangé de pareils yeux bleus contre des yeux noirs, fussent-ils plus noirs que ceux d'une Andalouse; vrai Dieu! ma blonde valait bien certaine brune, chantée jadis par un grand poëte qui avait juré en vers excellents être prêt à se faire rompre les os pour toucher seulement du doigt le bout de sa mantille. Ajoutez que ma belle était la plus gaie de toutes les belles du monde, la plus folle des rieuses, et alerte comme une enfant, malgré ses cinq ans de mariage. Le rire ne quittait pas ses lèvres, fraîches comme une rose qui aurait à peine entr'ouvert, aux premiers rayons du soleil, ses pétales rouges et parfumés, et garderait encore les grosses gouttes de la rosée matinale.

Le deuxième jour de mon arrivée on avait, il m'en souvient, organisé un spectacle. La salle était pleine; plus un siége n'était vacant; venu très-tard, je dus rester debout. Mais le vif intérêt que je prenais au spectacle m'attira vers la rampe, et, sans m'en apercevoir, j'arrivai

aux premiers rangs. Là je m'arrêtai et
m'appuyai au dossier d'un fauteuil. Une
dame y était assise : c'était ma blonde, mais
nous n'avions pas encore fait connaissance.
Voilà qu'involontairement je me mis à
regarder ses séduisantes épaules, blanches
et potelées, bien qu'à vrai dire il me fût
aussi indifférent de contempler de belles
épaules de femme que d'admirer le bonnet
à rubans rouges posé sur les cheveux gris
d'une respectable dame assise au premier
rang. A côté de ma belle blonde se trouvait une vieille fille, une de celles, comme
j'ai eu depuis l'occasion de le remarquer,
qui se réfugient toujours auprès des plus
jeunes et plus jolies femmes, et choisissent
surtout celles qui aiment à être entourées
de jeunes gens. Mais peu importe : là
n'est point l'affaire. Aussitôt qu'elle eut
remarqué mes regards indiscrets, elle se

pencha vers sa voisine et avec un rire moqueur lui lança quelques mots à l'oreille; celle-ci se retourna vivement. Je vois encore les éclairs que ses yeux ardents lancèrent de mon côté; moi, qui ne m'y attendais guère, je frissonnai, comme au contact d'une brûlure. La belle sourit.

— Cette comédie est-elle de votre goût? me demanda-t-elle en me regardant fixement d'un air railleur et malicieux.

— Oui, répondis-je, la contemplant toujours avec une sorte d'étonnement qui semblait lui plaire.

— Pourquoi restez-vous debout? Vous allez vous fatiguer; est-ce qu'il n'y a plus de place pour vous?

— C'est que précisément il n'y en a plus, lui répondis-je, plus soucieux alors de me tirer d'embarras que préoccupé de son regard étincelant. J'étais tout uniment content d'avoir enfin trouvé un bon cœur auquel je pouvais faire part de ma peine.

— J'ai déjà cherché, mais toutes les chaises sont prises, ajoutai-je, comme pour me plaindre de cet ennui.

— Viens ici, dit-elle vivement, aussi prompte à prendre son parti qu'à exécuter toute bizarre idée qui traversait sa tête folle ; — viens ici sur mes genoux !

— Sur vos genoux?... répétai-je stupéfait.

Je viens de dire que mes priviléges d'enfant me faisaient honte et commençaient à m'offusquer. Cette proposition, par sa raillerie, me sembla monstrueuse; d'autant plus que, de tout temps timide et réservé, je l'étais devenu encore davantage auprès des femmes. Je me sentis donc complétement interdit.

— Mais oui, sur mes genoux! Pourquoi ne veux-tu pas t'asseoir sur mes genoux?

Et en insistant elle riait de plus belle et finit par éclater bruyamment. Était-ce sa propre plaisanterie, ou bien mon air penaud qui provoquait sa gaieté? Dieu le sait!

Je devins pourpre, et tout troublé je cherchai à me sauver; mais elle me prévint en me saisissant par le bras pour m'en empêcher, et, à mon grand étonnement, m'attirant à elle, elle me serra la main douloureusement; ses doigts brûlants brisèrent mes doigts et me causèrent une telle souffrance que, tout en grimaçant de douleur, je faisais tout mon possible pour étouffer les cris prêts à m'échapper. En outre, j'étais extrêmement surpris, épouvanté même, en apprenant qu'il peut existe de ces femmes méchantes capables de dire de telles sottises aux jeunes garçons et de les pincer aussi cruellement et sans motif devant tout le monde.

Mon visage devait exprimer ma détresse, car l'espiègle me riait au nez comme une folle, tout en continuant de pincer et de meurtrir mes pauvres doigts. Elle était enchantée d'avoir réussi à mystifier et à rendre confus un malheureux garçon comme moi. Ma position était lamentable : d'abord je me sentais pris de confusion, car tout le monde s'était tourné de notre côté, les uns jetant un œil interrogateur, les autres riant et devinant bien que la belle jeune femme avait fait quelque étourderie ; de plus, j'avais une violente envie de crier, car, me voyant rester sans voix, elle me serrait les doigts avec d'autant plus d'obstination; mais j'étais résolu à supporter ma douleur en Spartiate, dans la crainte de faire un scandale après lequel je n'aurais plus su que devenir. Dans un accès de désespoir j'essayai de dégager ma main; mais mon tyran était plus fort que moi. Enfin, à bout de courage, je poussai un gémissement. C'est ce qu'elle attendait! Aussitôt elle me lâcha et se retourna, comme si rien ne se fût passé et comme si ce n'était pas elle qui m'eût joué ce mauvais tour. On eût dit un écolier qui, lorsque le maître a les yeux tournés, prend le temps de faire quelque niche à son voisin, de pincer un camarade, petit et faible, de lui donner une chiquenaude, un coup de pied, de le pousser du coude, et de se remettre en place, le regard fixé sur son livre, en répétant sa leçon, — le tout en un clin d'œil, — pour faire ensuite un pied de nez au maître irrité qui s'est élancé, vautour sur sa proie, du côté où il entendait du bruit.

Fort heureusement, l'attention générale fut en ce moment attirée sur la scène par le maître de la maison, qui jouait avec un réel talent le principal rôle d'une comédie de Scribe. On applaudit chaleureusement; profitant du bruit, je me glissai hors des rangs et me sauvai à l'autre extrémité de la salle. Me réfugiant alors derrière une colonne, je regardai, saisi d'effroi, la chaise occupée par la belle malicieuse. Elle riait toujours, tenant son mouchoir sur sa bouche. Longtemps elle se retourna, scrutant de l'œil tous les coins; elle semblait regretter que notre lutte enfantine fût sitôt terminée, et méditait, à coup sûr, quelque nouveau tour de sa façon.

C'est ainsi que nous fîmes connaissance, et à partir de ce soir elle ne me quitta plus d'un pas. Elle me poursuivit dès lors sans trêve ni merci, et devint ma persécutrice et mon tyran. Ses espiègleries avaient ce côté comique qu'elle paraissait s'être éprise de moi, et par cela même elles me blessaient d'autant plus vivement. Vrai sauvage, j'en ressentais une impression plus douloureuse. Par moments, ma position devenait à ce point critique, que je me sentais capable de battre ma malicieuse adoratrice. Ma timidité naïve, mes angoisses semblaient l'exciter à m'attaquer sans pitié; et je ne savais où trouver un refuge. Les rires qu'elle savait toujours soulever et qui retentissaient autour de nous la poussaient sans cesse à de nouvelles espiègleries.

Enfin on commença à trouver que ses

plaisanteries dépassaient les bornes. Et en effet, autant que je puis m'en rendre compte à présent, elle prenait vraiment plus de liberté qu'il ne convient avec un garçon de mon âge.

Mais son caractère était ainsi fait. C'était une enfant gâtée sous tous les rapports, et surtout, comme je l'ai entendu dire ensuite, gâtée par son mari, un petit homme, gros et vermeil, très-riche, très-affairé en apparence, d'un caractère mobile et inquiet, ne pouvant rester deux heures au même endroit. Chaque jour il nous quittait pour aller à Moscou ; il lui arrivait même de s'y rendre deux fois par jour, en nous assurant que c'était pour affaires. Il était difficile de trouver quelqu'un de meilleure humeur, de plus cordial, de plus comique, et en même temps de plus comme il faut que lui.

Non-seulement il aimait sa femme jusqu'à la faiblesse, mais encore il en faisait son idole. En rien, il ne la gênait. Elle avait de nombreux amis des deux sexes, Mais, étourdie en tout, elle ne se montrait guère difficile dans le choix de son entourage, quoique au fond elle fût beaucoup plus sérieuse qu'on ne pourrait le croire d'après ce que je viens de raconter.

Parmi ses amies, elle aimait et préférait à toute autre une jeune dame, sa parente éloignée, qui se trouvait aussi dans notre société. Entre elles s'était établie une douce et délicate amitié, de celles qui se plaisent souvent à germer entre deux caractères opposés, lorsque l'un est plus austère, plus profond et plus pur, et que l'autre, reconnaissant une supériorité réelle, s'y soumet avec tendresse et modestie, non sans garder le sentiment intime de sa propre valeur et conserver cette affection dans le fond de son cœur, comme un talisman. C'est dans de semblables relations que naissent les plus exquis raffinements du cœur : d'un côté une indulgence et une tendresse infinies; de l'autre un amour et une estime poussés jusqu'à la crainte; d'où résulte une bienfaisante appréhension de faiblir aux yeux de celle qu'on apprécie tant, mêlée au désir jaloux de pouvoir se rapprocher de plus en plus de son cœur.

Les deux amies étaient du même âge, mais la dissemblance entre elles était absolue, à commencer par le caractère de leur beauté. Madame M*** n'était pas moins belle que son amie, mais il y avait en elle quelque chose de particulier qui tranchait vivement et la faisait distinguer parmi toutes les autres jeunes et jolies femmes.

L'expression de son visage attirait immédiatement ou plutôt provoquait un sentiment de profonde sympathie. On rencontre parfois de ces visages prédestinés. Auprès d'elle on se sentait naître à la confiance, et cependant ses grands yeux tristes, ardents et pleins d'énergie, avaient aussi des expressions timides et agitées. La crainte de quelque chose de redoutable et de terrible paraissait le dominer ; ses traits, paisibles et doux, qui rappelaient ceux des madones italiennes, étaient parfois voilés d'un tel désespoir, que chacun, en la regardant, était pris de tristesse à son tour et partageait son angoisse.

Sur ce visage pâle et amaigri dont les traits s'illuminaient parfois d'une sérénité d'enfant, perçait, à travers le calme d'une beauté irréprochable, une sorte d'abattement : étreinte sourde et secrète, tempérée surtout par un demi-sourire, où semblaient se refléter les impressions récentes encore des premières années aux joies naïves. Cet ensemble complexe provoquait une telle compassion pour cette femme, que dans les cœurs germait involontairement un sentiment d'ineffable attraction. Bien qu'elle se montrât silencieuse et réservée, il n'était personne d'aussi aimant et d'aussi attentif qu'elle, dès qu'on avait besoin de compassion. Il y a des femmes qui sont des Sœurs de charité. On ne peut rien leur cacher, aucune douleur morale du moins; celui qui souffre a le droit de s'approcher d'elles, plein d'espérance et sans crainte de les importuner; on ne saurait sonder ce qu'il peut y avoir de patience, d'amour, de pitié et de miséricorde dans certains cœurs de femme. Ces cœurs si purs, souvent blessés, renferment des trésors de sympathie, de consolation, d'espérance; et en effet, celui qui aime beaucoup souffre beaucoup; ses blessures sont soigneusement cachées aux regards curieux, car un chagrin profond d'ordinaire se tait et se dissimule. Pour elles, jamais elles ne sont effrayées à l'aspect d'une plaie profonde, repoussante même; quiconque souffre est digne d'elles; d'ailleurs, elles semblent nées pour accomplir quelque action héroïque.

Madame M*** était grande, svelte et bien faite, quoique un peu mince. Ses mouvements étaient inégaux, tantôt lents, graves, tantôt vifs comme ceux d'un enfant; on devinait dans ses manières un sentiment de délaissement, d'alarme peut-être, mais qui ne sollicitait nullement la protection. J'ai déjà dit que les taquineries peu convenables de ma malicieuse blonde me rendaient très-malheureux, et me blessaient cruellement. Or, il y avait à ma confusion une autre cause secrète, cause étrange et sotte, que je cachais à tous les yeux et qui me faisait trembler. En y pensant, la tête renversée, blotti dans quelque coin obscur et ignoré, à l'abri de tout regard moqueur et inquisiteur, loin des yeux bleus de quelqu'une de ces écervelées, je suffoquais de crainte et d'agitation ; bref, j'étais amoureux !

Mettons que j'ai dit là une absurdité et que pareille chose ne pouvait m'arriver. Mais alors pourquoi, parmi toutes les personnes dont j'étais entouré, une seule attirait-elle mon attention ? Pourquoi ce plaisir de la suivre du regard, bien qu'il ne fût pas de mon âge d'observer les femmes et de nouer des relations avec elles? Souvent, pendant les soirées pluvieuses, lorsque toute la société était obligée de rester à la maison, je me blottissais dans un coin du salon, triste et désœuvré, car personne, excepté ma persécutrice, ne m'adressait la parole. Alors j'observais tout le monde et j'écoutais les conversations, souvent inintelligibles pour moi. Bientôt j'étais comme ensorcelé par les doux yeux, le sourire paisible et la beauté de madame M***, — car c'était elle qui occupait ma pensée, — et une impression vague et étrange, mais incomparablement douce, ne s'effaçait plus de mon cœur. Souvent, pendant plusieurs heures, je ne pouvais la quitter du regard; j'étudiais ses gestes, ses mouvements, les vibrations de sa voix pleine et harmonieuse, mais quelque peu voilée, et, chose bizarre ! à force de l'observer, je ressentais une impression tendre et craintive, en même temps que j'éprouvais une inconcevable curiosité, comme si j'eusse cherché à découvrir quelque mystère.

Le plus pénible pour moi, c'était d'être en butte aux railleries dont je me trouvais si souvent victime, en présence de madame M***. Il me semblait que ces moqueries et ces persécutions comiques devaient m'avilir. Lorsque s'élevait un rire général dont j'étais la cause et auquel madame M*** prenait part involontairement, alors, pris de désespoir, exaspéré de douleur, je m'échappais des bras de mes persécuteurs et m'enfuyais aux étages supérieurs où je passais le reste du jour, n'osant plus me montrer au salon.

Du reste, je ne pouvais encore me rendre bien compte de cet état de honte et d'agitation. Je n'avais pas encore eu l'occasion de parler à madame M***, et, effectivement, je ne pouvais m'y décider. Mais un soir, après une journée particulièrement insupportable pour moi, j'étais resté en arrière des autres promeneurs et j'allais m'en retourner, me sentant extrêmement las, quand j'aperçus madame M*** assise sur un banc dans une allée écartée. Seule, la tête penchée sur sa poitrine, elle chiffonnait machinalement son mouchoir et semblait avoir choisi exprès ce lieu désert. La méditation dans laquelle elle était plongée était si profonde qu'elle ne m'entendit pas m'approcher d'elle. Dès qu'elle m'aperçut elle se leva rapidement, se détourna, et je vis qu'elle s'essuyait vivement les yeux. Elle avait pleuré. Mais séchant ses pleurs, elle me sourit et marcha à côté de moi.

Je ne me souviens plus de notre conversation, mais je sais qu'elle m'éloignait à tout instant sous différents prétextes : tantôt elle me priait de lui cueillir une fleur, tantôt de voir quel était le cavalier qui galopait dans l'allée voisine. Dès que j'étais à quelques pas, elle portait encore son mouchoir à ses yeux pour essuyer de nouveaux pleurs dont la source rebelle ne voulait pas tarir. Devant cette persistance à me renvoyer, je compris enfin que je la gênais ; elle-même voyait que j'avais remarqué son état, mais elle ne pouvait pas se contenir, ce qui me désespérait davantage. J'étais furieux contre moi-même, presque au désespoir, maudissant ma gaucherie et mon ignorance. Mais comment la quitter sans lui laisser voir que j'avais remarqué son chagrin ? Je continuais donc à marcher à ses côtés, tristement surpris, épouvanté et ne trouvant décidément aucune parole pour renouer notre conversation épuisée.

Cette rencontre me frappa tellement que pendant toute la soirée, dévoré de curiosité, je ne pouvais détacher les yeux de sa personne. Il arriva que deux fois elle me surprit plongé dans mes observations, et la seconde fois elle sourit en me regardant. Ce fut son seul sourire de toute la soirée. Une morne tristesse ne quittait pas son visage devenu très-pâle. Elle s'entretenait tranquillement avec une dame âgée, vieille femme tracassière et méchante que personne n'aimait, à cause de son penchant pour l'espionnage et les cancans, mais que tout le monde redoutait; aussi chacun, bon gré, mal gré, s'efforçait-il de lui complaire.

A dix heures on vit entrer le mari de madame M***. Jusque-là j'avais observé sa femme très-attentivement, ne quittant pas des yeux son visage attristé. A l'arrivée inattendue de M. M***, je la vis tressaillir, et elle, d'ordinaire si pâle, devint encore plus blanche. La chose fut si visible que d'autres la remarquèrent, et de tous côtés des conversations s'engagèrent. En prêtant l'oreille, je parvins à comprendre que madame M*** n'était pas heureuse. On disait son mari jaloux comme un Arabe, non par amour, mais par vanité.

C'était un homme de son temps, aux idées nouvelles, et il s'en vantait. Grand, robuste et brun, favoris à la mode, visage coloré et satisfait, dents d'une blancheur de nacre, tenue irréprochable de gentleman, tel était M. M***. On le disait homme d'esprit. C'est ainsi que, dans certains cercles, on désigne une espèce particulière d'individus devenus gros et gras aux dépens d'autrui, qui ne font rien et ne veulent positivement rien faire, et qui, par suite de cette paresse éternelle et de cette indolence continue, finissent par avoir une boule de graisse à la place du cœur. Eux-mêmes répètent à tout propos « qu'ils n'ont rien à faire, par suite de quelque circonstance fâcheuse et compliquée qui les accable; ce dont ils sont fort à plaindre ». Cette phrase creuse, notre égoïste la répétait comme un mot d'ordre, et tout le monde commençait à en être fatigué.

Quelques-uns de ces drôles, impuissants à trouver ce qu'ils pourraient faire et qui d'ailleurs ne l'ont jamais cherché, voudraient prouver qu'à la place du cœur, ils ont, non pas une boule de graisse, mais quelque chose de profond. D'habiles chirurgiens pourraient seuls l'affirmer, et encore par politesse. Bien qu'ils n'emploient leurs instincts qu'à de grossiers persiflages, à des jugements bornés, à l'étalage d'un orgueil démesuré, ces individus ont du succès dans le monde. Ils passent tout leur temps à observer les fautes et les faiblesses des autres, et fixent toutes ces observations dans leur esprit; avec la sécheresse de cœur qui les caractérise, il ne leur est pas difficile, possédant par devers eux tant de préservatifs, de vivre sans difficulté avec autrui. C'est ce dont ils se targuent. Ils sont à peu près persuadés que le monde est fait pour eux; que c'est une poire qu'ils gardent pour la soif; qu'il n'y a qu'eux de spirituels, que tous les autres sont des sots, que le monde est comme une orange dont ils expriment le jus, quand ils en ont besoin; qu'ils sont les maîtres de tout, et que si l'état actuel des affaires est digne d'éloges, ce n'est que grâce à eux, gens d'esprit et de caractère. Aveuglés par l'orgueil, ils ne se connaisssent point de défauts. Semblables à ces fripons mondains, nés Tartufes et Falstaffs, si fourbes qu'à la fin ils arrivent à se persuader qu'il doit en être ainsi, ils vont répétant si souvent qu'ils sont honnêtes, qu'ils finissent par croire que leur friponnerie est de l'honnêteté. Incapables d'un jugement quelque peu consciencieux ou d'une appréciation noble, trop épais pour saisir certaines nuances, ils mettent toujours au premier plan et avant tout leur précieuse personne, leur Moloch et Baal, leur cher *moi*. La nature, l'univers n'est pour eux qu'un beau miroir qui leur permet d'admirer sans cesse leur propre idole et de n'y rien regarder d'autre; ce pourquoi il n'y a lieu de s'étonner s'ils voient laid. Ils ont toujours une phrase toute prête, et, comble du savoir-faire, cette phrase est toujours à la mode. Leurs efforts tendent à ce seul but, et quand ils y ont réussi, ils la répètent partout. Pour découvrir de telles phrases, ils ont le flair qui convient et s'empressent de se les approprier, pour les présenter comme si elles étaient d'eux. La vérité étant souvent cachée, ils sont trop grossiers pour la discerner, et ils la rejettent comme un fruit qui n'est pas encore mûr. De tels personnages passent gaiement leur vie, ne se souciant de rien, ignorant combien le travail est difficile; aussi gardez-vous de heurter maladroitement leurs épais sentiments : cela ne vous serait jamais pardonné ; ces gens-là se souviennent de la moindre attaque et s'en vengent avec délices. En résumé, je ne peux mieux comparer notre individu qu'à un énorme sac tout rempli, pour mieux dire bondé de sentences, de phrases à la mode et de toutes sortes de fadaises.

Du reste, M. M*** avait encore cela de particulier qu'en sa qualité de beau parleur et de conteur caustique, il était toujours très-entouré dans un salon. Ce soir-là, surtout, il avait beaucoup de succès. Gai, plein d'entrain et de verve, il devint bientôt maître de la conversation et força tout le monde à l'écouter. Quant à sa femme, elle paraissait si souffrante et si triste, que je pensais voir à chaque instant des larmes perler au bout de ses longs cils.

Cette scène, comme je l'ai dit tout à l'heure, me frappa et m'intrigua au plus haut point. Je quittai le salon en proie à un étrange sentiment de curiosité qui me fit rêver toute la nuit de M. M***, et pourtant il m'arrivait rarement de faire de mauvais rêves.

On vint me chercher le lendemain matin pour la répétition des tableaux vivants, où je remplissais un rôle. Les tableaux vivants, le spectacle et la soirée dansante devaient avoir lieu cinq jours après pour fêter l'anniversaire de la naissance de la fille cadette de notre hôte. On avait lancé à Moscou et aux environs une centaine de nouvelles invitations pour cette fête, presque improvisée; aussi le château était-il plein de vacarme, de mouvement et de remue-ménage.

La répétition, ou pour mieux dire la revue des costumes, devait avoir lieu ce matin-là; d'ailleurs elle tombait très-mal à propos; car notre régisseur général, le fameux artiste M. R***, qui se trouvait parmi les invités et qui, par amitié pour notre hôte, avait consenti à composer, à organiser ces tableaux et même à nous apprendre la manière de poser, était précisément forcé de se hâter pour partir à la ville acheter les différents objets et les accessoires nécessaires aux derniers préparatifs de la fête. Nous n'avions donc pas une minute à perdre.

Je figurais avec madame M*** dans un tableau vivant qui représentait une scène de la vie du moyen âge sous ce titre : *La châtelaine et son page*. Lorsque notre tour vint et que je me trouvai près de madame M***, un trouble inexplicable s'empara de moi. Il me semblait qu'elle allait lire dans mes yeux toutes les pensées, les doutes et les conjectures qui, depuis la veille, s'amoncelaient dans ma tête. Comme j'avais surpris ses larmes et troublé son chagrin, je me considérais presque comme coupable envers elle, et je m'imaginais qu'elle-même devait me regarder d'un œil sévère, me traiter comme un témoin importun de sa douleur.

Mais, grâce à Dieu, il en fut tout différemment : elle ne me remarqua même pas. Elle paraissait distraite, pensive et taciturne, se préoccupant aussi peu de moi que de la répétition ; son esprit était évidemment obsédé par quelque grave souci.

Dès que j'eus rempli mon rôle, je m'esquivai pour changer de vêtements, et, au bout de dix minutes, je revins sur la terrasse. Presque au même instant, madame M*** entrait par une autre porte, et en face de nous apparaissait son prétentieux mari. Il revenait du jardin, où il avait escorté tout un essaim de dames qu'il avait ensuite remises aux soins de quelque alerte cavalier servant.

La rencontre du ménage était évidemment inattendue. Je ne sais pourquoi madame M*** se troubla subitement et manifesta son dépit par un geste d'impatience. Son mari, qui sifflotait un air d'un ton insouciant tout en démêlant soigneusement ses favoris, fronça les sourcils à la vue de la jeune femme, et lui jeta, comme il m'en souvient, des regards inquisiteurs.

— Vous allez au jardin? demanda-t-il, remarquant l'ombrelle et le livre qu'elle portait.

— Non, dans le parc, répondit-elle, et elle rougit légèrement.

— Toute seule?

— Avec lui... répliqua madame M***, qui me désigna du regard.

— Le matin je me promène toujours seule, ajouta-t-elle d'une voix quelque peu troublée et hésitante comme si elle eût dit un premier mensonge.

— Hum!... C'est là que je viens de conduire toute la société. On est réuni près du pavillon pour faire les adieux à N***. Il nous quitte... vous savez?... Il lui est arrivé quelque affaire désagréable à Odessa. Votre cousine (c'était la belle blonde) en rit et en pleure en même temps; explique la chose qui pourra. Elle prétend que vous avez une dent contre N***, et c'est pour cela, dit-elle, que vous n'êtes pas allée le reconduire. C'est probablement une plaisanterie?

— Elle a en effet plaisanté, répondit madame M*** en descendant les marches de la terrasse.

— C'est donc lui qui est votre cavalier servant de chaque jour? demanda M. M*** en ricanant et en braquant sur moi son lorgnon.

— Son page! m'écriai-je, exaspéré par la vue de ce lorgnon et par cet air moqueur. Et, lui riant au nez, je sautai, d'un bond, trois marches de la terrasse.

— Allons! bon voyage! marmotta-t-il en s'éloignant.

Dès que madame M*** m'avait désigné à son mari, je m'étais — est-il besoin de le dire? — approché d'elle, comme si elle m'eût appelé déjà depuis une heure et comme si j'avais été régulièrement pendant tout le mois son cavalier dans ses promenades matinales. Mais ce que je ne pouvais comprendre, c'était la cause de son trouble, de sa confusion. Pourquoi s'était-elle décidée à faire ce petit mensonge? Pourquoi n'avait-elle pas dit, tout simplement, qu'elle sortait seule?

Je n'osais plus la regarder; cependant, cédant à un instinct de curiosité, je lui jetais de temps en temps à la dérobée un coup d'œil plein de naïveté. Mais ici comme à la répétition elle ne remarquait ni mes regards ni mes muettes interrogations. On lisait sur ses traits, on devinait dans sa démarche agitée l'angoisse cruelle à laquelle elle semblait sujette, mais cette angoisse était peut-être en ce moment encore plus profonde et plus visible que jamais. Elle se hâtait, pressait le pas de plus en plus et jetait des regards furtifs et impatients dans chaque allée, chaque trouée du parc, se retournant à chaque minute du côté du jardin. De mon côté, je m'attendais à quelque événement.

Tout à coup nous entendîmes galoper

derrière nous. C'était tout un cortége d'amazones et de cavaliers. Ils accompagnaient ce même N*** qui abandonnait si brusquement notre société. Parmi les dames se trouvait ma belle blonde que M. M*** venait de voir verser des larmes. Selon son habitude, elle riait maintenant comme une enfant, et galopait la tête haute sur un magnifique coursier bai. Toute cette cavalcade nous rejoignit en un instant; N*** nous ôta son chapeau en passant, mais ne s'arrêta pas et n'adressa pas la parole à madame M***. Le groupe eut bientôt disparu. Je regardai alors ma compagne et j'étouffai un cri de stupeur; elle était livide, et de grosses larmes jaillissaient de ses yeux. Par hasard nos regards se rencontrèrent: elle rougit et se détourna; l'inquiétude et le dépit passèrent sur son visage. Comme la veille, bien plus encore que la veille, j'étais de trop, — c'était clair comme le jour... — mais comment faire pour m'éloigner ?

Madame M*** eut cependant une inspiration ; elle ouvrit son livre, et, tout en rougissant et en évitant mon regard, me dit, comme si elle venait de remarquer sa bévue :

— Ah ! c'est le deuxième volume ! je me suis trompée... va donc me chercher le premier, s'il te plaît !

Il était impossible de ne pas comprendre ce qu'elle désirait. Mon rôle auprès d'elle était terminé, et elle ne pouvait me congédier d'une façon plus nette. Je partis son livre à la main, et ne revins pas.

Le premier volume resta tranquillement posé sur la table toute la matinée.

Je me sentais tout autre ; une crainte

continuelle faisait battre violemment mon cœur. Je fis tout mon possible pour ne plus me rencontrer avec madame M***. Mais en revanche, j'observais avec une sauvage curiosité la suffisante personne de M. M***, comme si j'avais dû découvrir en lui quelque chose de particulier. Je ne puis vraiment m'expliquer la cause de cette curiosité comique; je me souviens seulement de l'étrange stupéfaction que j'éprouvais d'avoir été témoin de tout ce qui s'était passé le matin. Cependant cette journée, si féconde pour moi en incidents, ne faisait que commencer.

Ce jour-là on dîna de bonne heure. Une joyeuse partie de plaisir avait été projetée pour le soir : on devait se rendre dans un village voisin pour assister à une fête champêtre. Depuis trois jours déjà je ne faisais que songer à cette expédition, où je comptais m'amuser beaucoup. Un groupe nombreux d'invités prenait le café sur la terrasse. Je me glissai tout doucement derrière eux, et me blottis au milieu des fauteuils. Si grande que fût ma curiosité, je n'avais nulle envie d'être aperçu par madame M***. Mais par une sorte de fatalité je me trouvai tout près de ma blonde persécutrice. Chose incroyable! miracle étonnant! elle était devenue extraordinairement belle tout à coup. Comment cela se fait-il? je ne sais, mais c'est un phénomène auquel les femmes sont quelquefois sujettes.

Parmi les convives se trouvait également un fervent adorateur de notre belle blonde, un grand jeune homme au teint mat, qui semblait n'être venu de Moscou que pour prendre la place laissée vide par N***, que l'on disait éperdument épris de la dame. Les relations qui semblaient exister depuis longtemps entre elle et le nouveau venu ressemblaient singulièrement à celles de Bénédict et Béatrice dans la comédie de Shakespeare : *Beaucoup de bruit pour rien.*

Quoi qu'il en soit, notre belle obtenait ce jour-là un grand succès. Elle s'était mise à causer et à plaisanter avec une grâce charmante, pleine de naïve confiance et d'excusable étourderie. S'abandonnant à une aimable présomption, elle paraissait sûre de l'admiration générale. Un cercle épais d'auditeurs, étonnés et ravis, l'entourait, s'élargissant à chaque minute; jamais on ne l'avait vue si séduisante! Tout ce qu'elle disait était applaudi; on saisissait, on faisait circuler ses moindres mots; chacune de ses plaisanteries, chacune de ses saillies produisait un effet. Personne n'aurait jamais attendu d'elle autant de goût, d'éclat et d'esprit, car d'ordinaire chez elle ces qualités disparaissaient sous ses extravagances et ses espiègleries perpétuelles, qui tournaient toujours à la bouffonnerie ; aussi remarquait-on rarement ses qualités, ou, pour mieux dire, ne les remarquait-on jamais. Il en résultait que le succès incroyable qu'elle remportait en ce moment avait été unanimement salué d'un murmure d'admiration flatteuse mêlée d'un certain étonnement.

Du reste, une circonstance particulière et assez délicate, à en juger par le rôle que remplissait pendant toute cette scène le mari de madame M***, contribuait à augmenter encore ce succès. A la grande joie de toute la société, ou pour mieux dire à la grande joie de tous les jeunes gens, notre aimable espiègle, abordant certains sujets de la plus haute importance, suivant elle, avait pris à partie M. M*** et s'acharnait contre lui. Elle ne cessait de lui décocher les brocards les plus caustiques et les plus ironiques propos, tantôt des sarcasmes pleins de malice, tantôt quelques-unes de ces pointes aiguës et pénétrantes qui ne manquent jamais le but. Comment résister à un tel assaut ? La victime qui veut lutter s'épuise en vains efforts et n'arrive par sa rage et son désespoir qu'à donner la comédie aux assistants.

Cette plaisanterie était-elle improvisée ? je ne l'ai jamais su exactement ; mais, selon toute apparence, elle avait dû être préméditée. Ce duel désespéré avait commencé pendant le dîner. Je dis désespéré, car M. M*** ne se rendit pas tout de suite. Il dut faire appel à toute sa présence d'esprit, à toute sa finesse, pour éviter une déroute complète qui l'eût couvert de honte. Quant aux témoins de ce combat singulier, ils avaient été pris d'un fou rire qui ne les quittait guère.

Quelle différence ce jour-là avec la scène de la veille! Madame M*** avait eu plusieurs fois l'intention de couper la parole à son imprudente amie pendant que celle-ci réussissait si bien à parer son jaloux de mari de tout l'attirail grotesque et bouffon qui devait être celui de « Barbe-Bleue ». Voilà du moins tout ce qui m'est resté présent dans le souvenir, car moi-même je jouai un rôle dans toute cette escarmouche.

L'aventure m'arriva de la façon la plus ridicule et la plus inattendue. J'avais chassé tous mes mauvais soupçons et oublié mes anciennes précautions. Comme par un fait exprès, j'étais venu me placer en vue de tout le monde. L'attention générale fut tout à coup attirée sur moi; notre belle blonde venait de me citer comme l'ennemi mortel et le rival juré de M. M*** : oui, j'étais follement épris de sa femme, mon tyran l'affirmait hautement et prétendait en avoir la preuve. Pas plus tard que le matin même, disait-elle, au bout du parc, elle avait vu...

Elle n'eut pas le temps d'achever : juste au moment où elle allait, peut-être, me placer dans une situation plus que critique, je lui coupai la parole. La perfide avait si cruellement calculé, si traîtreusement combiné la fin de son discours, que ce dénoûment ridicule, si drôlement mis en scène, fut accueilli par un éclat de rire homérique.

Je devinais bien que dans toute cette comédie, ce n'était pas moi qui jouais le plus vilain rôle; pourtant je me sentis si confus, si exaspéré, si effrayé, que, tout haletant de honte, le visage en pleurs, en proie au trouble et au désespoir le plus profond, je m'ouvris passage à travers les deux rangs de fauteuils pour me précipiter vers mon bourreau en criant suffoqué par les larmes et l'indignation :

— N'avez-vous pas honte... vous, de dire tout haut... devant toutes ces dames... une chose aussi invraisemblable... et aussi méchante?... Vous parlez comme une petite fille... devant tous ces messieurs!... Que vont-ils dire?... Vous, qui êtes grande... et mariée!...

Un tonnerre d'applaudissements m'empêcha d'achever. Ma violente sortie avait fait fureur. Mes gestes naïfs, mes larmes, et surtout ce fait que j'avais l'air de prendre parti pour M. M***, tout cela avait provoqué une telle explosion de rires, que même aujourd'hui, en y pensant, j'en ris encore.

Frappé de stupeur, pris de vertige, je restais là, debout, rougissant, pâlissant tour à tour; puis, tout à coup, le visage caché dans les mains, je me précipitai brusquement au dehors. Sans m'occuper d'un plateau que portait un domestique et que je renversai au passage, j'escaladai vivement les marches de l'escalier, et je me précipitai dans ma chambre, où je m'enfermai à double tour. J'avais bien fait, car on courait à ma poursuite. Une minute après, ma porte était assiégée par toute une collection de jolies femmes. J'entendais leur rire mélodieux, le murmure de leurs voix; elles gazouillaient toutes à la fois, comme des hirondelles, me priant, me conjurant de leur ouvrir la porte, ne fût-ce qu'une seconde; elles juraient qu'elles ne me feraient aucun mal, qu'elles me couvriraient seulement de baisers. Hélas!... quoi de plus terrible pour moi que cette nouvelle menace? Dévoré de honte, derrière ma porte, le visage enfoui dans mes oreillers, je ne soufflais mot. Longtemps, elles restèrent à frapper et à me supplier de céder à leurs instances; mais en dépit de mes onze ans, je restai insensible et sourd.

Qu'allais-je devenir? Tout ce que je gardais dans le fond de mon cœur, tout ce que je cachais avec un soin jaloux, tout était découvert et mis à nu... Je me sentais couvert d'une confusion et d'une ignominie éternelles!...

Je n'aurais vraiment pas su dire moi-même ce qui me faisait peur et ce que j'aurais voulu cacher; mais pourtant il y avait quelque chose qui m'effrayait et qui me faisait trembler comme une feuille morte.

Jusqu'à ce moment, j'avais pu me demander si cela était avouable, digne d'éloges, et si l'on pouvait s'en vanter. Mais, à cette heure, dans mon angoisse et dans mon tourment, je sentais que c'était risible et honteux! En même temps je comprenais par une sorte d'instinct qu'une telle manière de voir était fausse, cruelle et brutale; mais j'étais tellement anéanti, j'avais la tête tellement en déroute, que tout raisonnement semblait s'être arrêté dans mon cerveau; mes pensées étaient complétement brouillées. Je me sentais incapable de lutter contre la moindre idée; déconcerté, le cœur mortellement blessé, je pleurais à chaudes larmes. De plus, j'étais fort irrité. L'indignation et la rancune bouillonnaient dans mon cœur; jamais auparavant je n'avais éprouvé de semblables émotions, car c'était la première fois de ma vie que je ressentais un vrai chagrin et que je subissais un sérieux outrage.

Tout ce que je raconte là est absolument vrai et sincère, et je suis sûr de ne rien exagérer. Mes premiers sentiments romanesques, encore vagues et inexpérimentés, avaient été violemment choqués; ma pudeur d'enfant, mise à nu, avait été froissée dans ce qu'elle avait de plus chaste et de plus délicat; enfin on avait tourné en ridicule mon premier sentiment sérieux. Évidemment ceux qui se riaient de moi ne pouvaient ni connaître ni deviner mes tourments.

Une préoccupation secrète dont je n'avais pas eu le temps de me rendre compte et que je craignais d'examiner, contribuait beaucoup à augmenter mon chagrin. Couché sur mon lit, le visage enseveli dans mes oreillers, en proie à l'angoisse et au désespoir le plus profond, je me sentais tout le corps brûlant et glacé tour à tour pendant que mon esprit était bouleversé par les deux questions suivantes : Qu'avait pu remarquer le matin cette méchante blonde, dans mes rapports avec madame M***? Et d'autre part, comment pourrais-je désormais regarder en face madame M*** sans mourir de honte et de désespoir?

Au dehors s'élevait un brouhaha extraordinaire, qui vint me secouer de ma torpeur; je me levai pour courir à la fenêtre. Des équipages, des chevaux de selle, des domestiques allant et venant de tous côtés encombraient la cour. On se préparait au départ; les cavaliers venaient de sauter en selle, et les autres invités s'installaient dans les voitures. Tout à coup, le souvenir de la partie de plaisir projetée me revint à la mémoire, et peu à peu une vague inquiétude envahit mon esprit. Je cherchai mon poney; il n'était pas là; donc j'avais été oublié. N'y tenant plus, je me précipitai à corps perdu dans la cour, en dépit de mon récent affront et sans souci des rencontres désagréables.....

Une mauvaise nouvelle m'attendait en bas; pas de cheval pour moi, et dans les voitures plus une seule place disponible: tout était occupé par les grandes personnes! Frappé par ce nouveau chagrin, je m'arrêtai sur le perron. Triste sort! En être réduit à ne pouvoir contempler que de loin toute cette file de carrosses, de coupés, de calèches, où il ne restait pas le plus petit coin pour moi! A suivre seulement des yeux ces élégantes amazones qui faisaient caracoler leurs coursiers impatients.

Un des cavaliers était en retard ; on n'attendait plus que lui pour se mettre en route. Près du perron, son cheval, mâchonnant son mors, creusait la terre de ses sabots, tout frémissant et se cabrant à chaque minute, plein d'effroi. Deux palefreniers le tenaient par la bride, avec précaution, et les curieux avaient soin de s'en tenir à une distance respectable.

Décidément, il fallait se résigner à rester au logis, puisque toutes les places dans les équipages étaient occupées, tous les chevaux de selle montés par les hôtes du château, récemment arrivés ; de plus, pour comble de malheur, deux chevaux, dont l'un était justement le mien, étaient tombés malades, de sorte que je n'étais pas seul à subir ce contre-temps qui m'accablait.

Un des nouveaux venus, — c'était précisément ce même jeune homme au teint mat dont j'ai parlé, — se trouvait lui-même sans monture. Pour éviter toute espèce de reproches, notre hôte se vit forcé d'avoir recours à une ressource suprême : il donna l'ordre de mettre à la disposition du jeune homme un cheval fougueux et non dressé. Mais, par acquit de conscience, il crut de son devoir de le prévenir qu'il n'était pas possible de monter cet animal, dont le caractère était si mauvais que depuis longtemps il avait l'intention de le vendre. Le jeune cavalier, malgré cet avertissement, répondit qu'il montait passablement, et déclara qu'en définitive il était prêt à se mettre sur n'importe quel animal, ne voulant à aucun prix se priver de la partie de plaisir.

Notre hôte ne souffla mot, mais, aujourd'hui, je me souviens qu'un sourire fin et équivoque effleura ses lèvres. Il ne s'était pas mis lui-même en selle pour attendre le cavalier qui s'était vanté de son adresse, et, tout en se frottant les mains, il jetait à chaque instant des coups d'œil d'impatience du côté de la porte. Les deux palefreniers qui retenaient le cheval paraissaient animés du même sentiment; ils étaient, de plus, tout gonflés d'orgueil en se sentant sous les regards de toute la société, près de cette bête magnifique qui, à chaque instant, cherchait à les renverser. L'expression pleine de malice du visage de leur maître semblait se refléter dans leurs yeux écarquillés où l'on devinait leur anxiété ; eux aussi regardaient fixement cette porte qui devait donner passage à l'audacieux cavalier. Le cheval, lui-même, paraissait être du complot, avec son maître et les palefreniers : il gardait une attitude fière et orgueilleuse, et semblait comprendre qu'une centaine de regards curieux étaient dirigés sur lui ; on eût dit qu'il voulait faire parade de sa méchante réputation, comme un incorrigible mauvais sujet. Il paraissait défier celui qui serait assez présomptueux pour vouloir attenter à sa liberté.

Notre jeune homme qui avait cette audace parut enfin. Tout confus de s'être fait attendre, il mit ses gants à la hâte, et s'avança sans rien regarder autour de lui ; arrivé au bas des marches du perron, il leva les yeux, étendit la main et saisit la crinière du cheval écumant. Tout à coup il resta interdit à la vue de cette bête furieuse qui se cabrait et devant les clameurs éperdues de tous les assistants terrifiés. Le jeune homme recula et, tout perplexe, contempla l'animal indomptable qui tremblait comme la feuille et s'ébrouait de fureur; ses yeux voilés de sang roulaient d'une manière farouche; il s'affaissait sur ses jambes de derrière, battant l'air de celles de devant, cherchant à s'élancer et à s'échapper des mains des deux palefreniers. Le cavalier parut déconcerté; puis il rougit légèrement, leva les yeux et regarda les dames épouvantées.

— Ce cheval est magnifique, murmura-t-il, et à en juger par l'apparence il doit être très-bon, mais.... mais... savez-vous ? Ce n'est pas moi qui serai son cavalier, ajouta-t-il en s'adressant directement à notre hôte avec un sourire naïf et franc, qui allait si bien à sa bonne et intelligente physionomie.

— Eh, parbleu! je vous tiens quand même comme un excellent écuyer, répondit, tout joyeux, le possesseur de l'indomptable bête, en serrant fortement avec une sorte de reconnaissance la main de son hôte; — car, du premier coup d'œil, vous avez compris à quel animal vous aviez affaire, ajouta-t-il avec emphase. Figurez-vous que moi, ancien hussard, j'ai eu, grâce à lui, le plaisir d'être jeté à terre par trois fois, c'est-à-dire autant de fois que j'ai essayé de monter ce... fainéant. Allons! Tancrède, il paraît qu'il n'y a personne ici qui soit fait pour toi, mon camarade; ton cavalier doit être quelque Élié Mourometz[1], qui n'attend

[1] Héros d'une légende russe.

que le jour où tu n'auras plus de dents. Eh bien! qu'on l'emmène. Qu'il cesse de faire trembler les dames! Allons ! décidément, il était bien inutile de le faire sortir de sa stalle.

Tout en parlant, notre hôte se frottait les mains et paraissait tout satisfait de lui-même. Remarquez que Tancrède ne lui rendait pas le plus petit service, qu'il lui occasionnait seulement des dépenses; que, de plus, l'ancien hussard avait perdu sa vieille réputation de brillant cavalier avec ce magnifique animal, ce fainéant, comme il l'appelait, qu'il avait payé un prix fabuleux et qui n'avait pour lui que sa beauté. Il se sentait transporté de joie, car son Tancrède, en refusant encore une fois de se laisser monter, avait conservé son prestige et prouvé de nouveau son inutilité.

— Comment! vous n'allez pas venir avec

nous? — s'écria la belle blonde qui voulait absolument que son cavalier servant restât auprès d'elle. — Est-ce que vraiment vous auriez peur?

— Mais oui, certainement, répondit le jeune homme.

— Et vous parlez sérieusement?

— Voyons! madame, voulez-vous que je me fasse casser le cou?

— Eh bien, dans ce cas, je vous cède mon cheval : n'ayez aucune crainte, il est fort tranquille. D'ailleurs, nous ne retiendrons personne : les selles vont être changées en un clin d'œil! Je vais essayer de monter votre cheval; j'ai peine à croire que Tancrède soit peu galant!

Aussitôt dit, aussitôt fait!

L'étourdie sauta à terre, et vint se camper devant nous en achevant sa dernière phrase.

— Ah! que vous connaissez peu Tancrède, si vous vous imaginez qu'il va se laisser mettre votre méchante petite selle! s'écria vivement notre hôte. Au surplus, je ne permettrai pas que ce soit vous qui vous cassiez le cou; cela serait vraiment dommage!...

Dans ses moments de satisfaction, il prenait volontiers plaisir à exagérer encore son brusque parler rude et libre de vieux soldat; car, dans son idée, ce ton lui donnait un air bon enfant qui devait plaire aux dames. C'était là un petit travers et son dada familier.

— Eh bien, toi, jeune pleurnicheur, toi, qui avais si grande envie de monter à cheval, ne veux-tu pas essayer? me dit la vaillante amazone, en m'indiquant Tancrède de la tête.

Mécontente de s'être dérangée inutilement, elle ne voulait pas se retirer sans m'adresser quelque mot blessant, sans me décocher quelque trait piquant, pour me punir de la bévue que je venais de commettre en me plaçant directement sous ses yeux.

— Certainement, tu ne ressembles pas à... mais laissons cela !... Tu es un fameux héros, et tu sauras, je l'espère, prendre courage, surtout, beau page, quand vous vous sentirez admiré, ajouta-t-elle, en jetant un coup d'œil du côté de madame M***, dont la voiture se trouvait tout près du perron.

Lorsque la belle amazone s'était approchée de nous avec l'intention de monter Tancrède, j'avais déjà éprouvé contre elle un vif sentiment de haine et de rancune. Mais je ne puis analyser l'impression que je ressentis lorsque cette terrible enfant m'adressa tout à coup ce défi, et surtout lorsque je saisis au vol l'œillade qu'elle lançait dans la direction de madame M***. En une seconde, ma tête se trouva en pleine ébullition; oui, il ne fallut qu'une seconde, pas même une seconde, car la mesure était comble; ce fut comme une explosion; mon intelligence ranimée se révolta, et à ce moment il me vint dans l'esprit l'idée de faire quelque coup de tête, de montrer à tous qui j'étais, et de me venger ainsi de tous mes ennemis. On eût dit que, par une sorte de miracle, l'histoire du moyen âge, dont cependant je n'avais encore aucune idée, venait de m'être tout à coup révélée; dans ma tête troublée se mirent à défiler tournois, paladins, héros, belles dames; le cliquetis des épées, les exclamations et les applaudissements du peuple résonnaient à mes oreilles, et, parmi toutes ces clameurs, je croyais distinguer le cri timide d'un cœur effarouché. Une âme orgueilleuse se sent bien plus touchée par un semblable cri que par toutes les idées de gloire et de victoires. Je ne sais vraiment pas si, dans ce moment, mon esprit était dominé par ces chimères, ou plutôt par le pressentiment de ce futur galimatias auquel je n'ai pu échapper plus tard à l'école, mais j'entendis sonner mon heure. Mon cœur bondit, frémissant... D'un saut, je gravis les marches du perron et me trouvai à côté de Tancrède; comment? c'est ce dont je ne puis me rendre compte aujourd'hui.

—Ah! vous croyez que je manque de courage! m'écriai-je plein de témérité et d'orgueil. Je me sentais transporté de colère, je suffoquais d'émotion, et des

larmes brûlaient mes joues écarlate. —
Eh bien, vous allez voir !

Avant qu'on ait pu faire un mouvement pour me retenir, j'avais saisi la crinière de Tancrède et mis le pied dans l'étrier. Brusquement, Tancrède se cabra, rejeta sa tête en arrière et, faisant un bond énergique, s'échappa des mains des palefreniers stupéfaits, et partit comme une flèche.

Ce furent des cris et des exclamations.

Dieu seul pourrait savoir comment je parvins à passer mon autre jambe, à toute volée, par-dessus la selle sans lâcher les rênes. Tancrède m'emporta au delà de la porte cochère, tourna brusquement à droite, longea la grille, puis ensuite se dirigea au hasard.

Alors j'entendis derrière moi des clameurs qui éveillèrent dans mon cœur un tel sentiment d'orgueil et de satisfaction, qu'il me sera à jamais impossible d'oublier cette folie de mon enfance. Le sang me monta à la tête ; je fus assailli par un bourdonnement sourd ; toute ma timidité s'envola. Je ne me connaissais plus. Aujourd'hui que je repasse tout cet épisode dans ma mémoire, il me semble, vraiment, y trouver quelque chose de chevaleresque.

Au reste, ma chevalerie ne dura que quelques minutes : sans cela, mal en eût pris au chevalier. Je ne puis vraiment m'expliquer comment je pus échapper à quelque malheur. Je savais certainement monter à cheval : on m'avait donné des leçons d'équitation ; mais mon poney ressemblait plutôt à un agneau qu'à un cheval. Je suis donc intimement convaincu que

Tancrède m'eût jeté à terre, s'il en avait eu le temps; mais, au bout d'une cinquantaine de pas, une énorme pierre qui se trouvait au bord de la route lui fit prendre peur et faire un saut en arrière. Affolé, il tourna sur lui-même si violemment que maintenant encore je ne comprends pas comment je ne fus pas désarçonné, comment je n'eus pas les os rompus, ni même comment Tancrède, en pivotant si brusquement, ne se donna pas un écart. Rebroussant chemin, il s'élança vers la porte cochère; il agitait furieusement sa tête, se démenait comme un possédé, se cabrait et s'efforçait, à chaque nouveau bond, de me culbuter, comme s'il avait eu sur le dos un tigre se cramponnant à lui, et le déchirant de ses dents et de ses griffes. Une seconde de plus, et j'aurais été précipité à terre; je glissais même déjà, quand je vis accourir à mon secours plusieurs cavaliers.

Les deux premiers me coupèrent le chemin du côté des champs ; les deux autres, au risque de m'écraser les jambes, serrèrent Tancrède de si près, des flancs de leurs chevaux, qu'ils purent enfin le saisir par la bride.

Quelques instants après, nous étions auprès du perron.

On m'enleva de selle tout pâle et respirant à peine. Je tremblais, comme un brin d'herbe agité par le vent ; quant à Tancrède, s'affaissant de tout son poids sur ses jambes de derrière, il se tenait immobile, les sabots profondément enfoncés dans le sol ; un souffle brûlant s'échappait de ses naseaux rouges et fumants ; il était secoué par un frisson comme une feuille morte, stupéfait d'un tel affront et plein de rancune contre cet enfant dont l'audace restait impunie. On s'agitait autour de moi, en jetant des cris d'admiration et de surprise.

Tout à coup mon regard égaré rencontra celui de madame M***, toute pâle et tout émue; alors, — je n'oublierai jamais cette minute, — une rougeur subite me monta au visage et couvrit mes joues brûlantes; ce que j'éprouvai alors, je ne saurais le dire; tout troublé par mes propres sentiments, je baissai timidement les yeux. Mais mon regard avait été remarqué et saisi. Tous les yeux se tournèrent vers madame M***, qui, prise à l'improviste, se sentit elle aussi rougir comme une enfant; dominée par un sentiment naïf et involontaire, elle voulut s'efforcer maladroitement de dissimuler sa rougeur sous un sourire. Que toute cette scène devait être drôle pour ceux qui en étaient témoins !

Enfin à ce moment l'attention générale fut détournée par un mouvement singulier et inattendu, ce qui m'empêcha de devenir le sujet de la risée générale.

Celle qui avait été jusque-là ma mortelle ennemie, qui avait été cause de tout ce tumulte, mon beau tyran, s'élança vers moi et me couvrit de baisers. En me voyant accepter son défi et ramasser le gant qu'elle m'avait jeté, elle n'avait pu en croire ses yeux. Mais quand elle me vit emporté par Tancrède, accablée par les remords, elle était presque morte de frayeur. Maintenant que tout était fini, maintenant surtout qu'elle avait surpris le coup d'œil lancé vers madame M***, mon trouble et ma rougeur subite, maintenant que, grâce aux idées romanesques de sa tête folle, elle pouvait prêter quelque nouveau sens secret et vague à mes pensées, sa joie éclata si vive, devant cet acte chevaleresque, que, toute fière, ravie et profondément touchée, elle s'élança vers moi et me serra contre sa poitrine. Au bout d'une minute, levant ses yeux, à la fois naïfs et sévères, où tremblaient deux larmes brillantes comme deux diamants, elle s'écria d'une voix grave et solennelle que nous ne lui avions jamais entendue :

— Ne riez pas, messieurs; c'est très-sérieux !

Elle parlait ainsi sans remarquer que tout le monde autour d'elle, transfiguré comme par enchantement, se tenait immobile, admirant son noble enthousiasme. Cet élan si vif et si imprévu, ce visage grave, cette naïveté sincère, ces larmes venant du cœur, qu'on n'avait jamais jusqu'alors entrevues dans ses yeux constamment rieurs, tout cela était si émouvant, qu'on se sentait comme électrisé par son regard, son geste et sa parole vive et ardente. Personne n'osait détacher les yeux de ce spectacle ; chacun craignait de perdre un mouvement de cette expression inspirée, si rare sur cette physionomie. Notre hôte lui-même était devenu rouge comme une pivoine, et plus tard on l'entendit avouer, dit-on, que, pendant une minute, il s'était senti follement épris de la dame.

Il va sans dire qu'après un tel événement j'étais un chevalier, un héros.

— Délorges ! Togenbourg !... criait-on de tous côtés.

Tout le monde m'applaudissait.

— Voilà comment est la nouvelle génération! déclarait notre hôte.

— Mais il viendra! il doit absolument venir avec nous! s'écria la belle blonde : — nous lui trouverons, nous devons lui trouver une place... Il s'assiéra avec moi, sur mes genoux... ah! non... pardon!... je me suis trompée! reprit-elle en riant aux éclats, sans pouvoir se contenir, au souvenir de notre première rencontre. Mais, tout en riant, elle me caressait doucement la main et me câlinait, pour m'ôter toute idée d'offense.

— Certainement, certainement! ce fut un cri général ; — il doit venir avec nous, il a bien mérité une place!

La chose fut arrangée en un clin d'œil. Toute la jeunesse supplia aussitôt la vieille fille, celle-là même qui avait été la cause de notre connaissance avec la jolie blonde, de me céder sa place; elle fut obligée d'y consentir en souriant de dépit et en suffoquant intérieurement de colère. Sa protectrice, mon ex-ennemie devenue ma nouvelle amie, autour de laquelle elle tournait sans cesse, lui cria du haut de sa selle, tout en galopant sur son fringant coursier et en riant comme une enfant, qu'elle enviait son sort et qu'elle serait bien heureuse de pouvoir lui tenir compagnie, car elle prévoyait une averse qui allait arroser toute la société.

Sa prophétie se réalisa effectivement : une heure après il pleuvait à torrents, et notre excursion était manquée. Pendant plusieurs heures, nous fûmes obligés d'attendre avec patience dans des chaumières de paysans; ce ne fut que vers les dix heures que la pluie cessa et que nous pûmes reprendre le chemin de la maison.

Lorsque nous dûmes repartir et remonter en voiture, je me sentis un peu de fièvre. A ce moment, madame M*** s'approcha de moi et s'étonna de me voir en simple veston, la gorge découverte. Je lui avouai que j'avais oublié mon manteau. Elle prit alors une épingle avec laquelle elle ferma le col de ma chemise, puis, détachant de son cou un petit fichu de gaze rouge, elle m'en entoura la gorge pour me préserver du froid. Tout cela se fit si rapidement que je n'eus même pas le temps de la remercier.

Quelques instants après notre retour, je la retrouvai dans le petit salon avec la jolie blonde et le jeune homme au teint mat qui s'était acquis le matin la réputation d'un bon cavalier, tout en refusant de monter Tancrède. Je me dirigeai vers madame M*** pour la remercier et lui rendre son fichu rouge. Mais après tous les incidents de la journée, j'étais si troublé que j'éprouvai le besoin de m'en aller dans ma chambre méditer et réfléchir. Toutes sortes d'idées m'obsédaient; de sorte qu'en lui remettant son fichu, je me sentis rougir jusqu'aux oreilles.

— Il a grande envie de le garder, je vous jure, dit le jeune homme en riant : je vois dans ses yeux qu'il a bien de la peine à vous le restituer.

— Oui, oui, vous avez raison! s'écria la jolie blonde. — Eh bien, toi!... ajouta-t-elle d'un ton qui jouait l'indignation et tout en hochant la tête; mais elle s'arrêta devant le regard sérieux de madame M*** qui semblait vouloir couper court à toute plaisanterie.

Je m'esquivai rapidement.

13.

— Oh! que tu es nigaud! continua l'espiègle, qui me rejoignait dans la chambre voisine, — elle serrait amicalement mes deux mains dans les siennes; — si tu tenais absolument à garder ce fichu, il ne fallait pas le lui rendre; tu n'avais qu'à lui dire que tu l'avais égaré; voilà tout! Ah! tu n'as pas su t'y prendre!... Petit maladroit!

En terminant, elle me donna une légère tape sur la joue et se mit à rire en me voyant devenir rouge comme un coquelicot.

— Je suis ton amie maintenant? Il n'y a plus d'inimitié entre nous, n'est-ce pas?

Je lui répondis par un sourire et lui serrai la main en silence.

— Eh bien, il ne faut plus l'oublier! Mais pourquoi trembles-tu? Pourquoi es-tu si pâle? Aurais-tu la fièvre?

— Oui, je suis indisposé.

— Ah! pauvre petit! tu as eu trop d'émotions aujourd'hui! Vois-tu, il faut aller te coucher avant le souper, et demain tu n'auras plus de fièvre. Allons, viens!

Elle m'entraîna dans ma chambre en m'accablant de tendresses. Pendant que je me déshabillais, elle s'éloigna un moment, courut en bas, me fit verser du thé et me l'apporta elle-même dans mon lit. En même temps, elle m'enveloppait d'une chaude couverture.

Étaient-ce l'étonnement et la reconnaissance pour tant d'empressement et de soins; ou bien était-ce la conséquence de toutes les angoisses de cette journée, de cette partie de plaisir, de cette fièvre, — car tout cela avait profondément agi sur mon pauvre cœur, — toujours est-il qu'en lui disant adieu, je l'enlaçai vigoureusement, comme ma meilleure et ma plus tendre amie, et je faillis fondre en larmes en me pressant sur son sein. Notre belle étourdie remarqua ma sensibilité, et de son côté fut tout émue...

— Tu es un bon garçon, murmura-t-elle, fixant sur moi des yeux attendris : tu ne m'en veux plus, n'est-ce pas?...

A partir de ce moment nous fûmes les amis les plus tendres, les plus fidèles.

Il était encore de très-bonne heure le lendemain quand je m'éveillai, mais déjà ma chambre était tout inondée de soleil. Je sautai vivement hors de mon lit, me sentant tout à fait bien portant; la fièvre de la veille était complétement oubliée, et j'éprouvais une joie inexprimable.

Tout ce qui s'était passé la veille me revint à la mémoire; que n'aurais-je pas donné alors pour pouvoir encore une fois embrasser ma nouvelle amie, ma charmante blonde? mais il était encore trop tôt; tout le monde dormait. M'habillant à la hâte, je descendis au jardin et m'acheminai vers le parc. Je me glissai dans les endroits où la verdure était le plus touffue; les arbres exhalaient un âcre parfum de résine; les rayons du soleil qui pénétraient gaiement à travers le feuillage semblaient se réjouir de pouvoir percer par endroits la brume transparente qui montait des taillis. La matinée était superbe.

J'avançais toujours, sans me rendre compte de la direction que je suivais, lorsque je me trouvai à la lisière du parc, au bord de la Moskowa. Au pied de la colline, à deux cents pas de l'endroit où je me tenais, je voyais couler la rivière. On fauchait l'herbe sur la rive opposée, et je m'oubliai complétement dans la contemplation de ce spectacle ; à chaque mouvement si rapide des faucheurs, j'entrevoyais les faux tranchantes tantôt brillant au soleil, tantôt disparaissant tout à coup, semblables à des serpents de feu qui chercheraient à se cacher ; l'herbe coupée formait de gros tas et s'alignait en longs sillons réguliers.

Il me serait difficile de dire combien de temps je restai plongé dans cette sorte d'extase, mais tout à coup je revins à moi, en entendant tout près, à une vingtaine de pas, dans une percée du parc, frayée entre la grande route et la maison seigneuriale, l'ébrouement d'un cheval qui frappait la terre avec impatience, creusant le sol de ses sabots. Ce bruit que j'entendais provenait-il de l'arrivée même du cavalier? ou ce bruit me chatouillait-il depuis longtemps déjà, mais vainement, les oreilles, sans pouvoir m'arracher à mes observations? je l'ignore.

Poussé par la curiosité, je pénétrai dans le parc; j'avais fait quelques pas, lorsque j'entendis parler rapidement à voix basse. Je me rapprochai, écartant soigneusement les derniers buissons bordant la trouée, mais je fis aussitôt un bond en arrière, tout décontenancé et tout surpris. Devant mes yeux se trouvait une robe blanche que je reconnus tout de suite, et j'entendis une voix douce qui résonna comme une musique dans mon cœur. C'était madame M***. Elle se tenait tout près d'un cavalier qui lui parlait à la hâte du haut de sa selle. Quelle fut ma stupéfaction! ce cavalier n'était autre que N***, ce même jeune homme qui nous avait quittés la veille dans la matinée, et dont le départ avait attiré les sarcasmes de M. M***. La veille il nous avait annoncé qu'il s'en allait très-loin, au sud de la Russie; aussi jugez de mon étonnement en le revoyant à cette heure, seul avec madame M***. Quant à elle, l'émotion qui l'agitait la rendait méconnaissable; de grosses larmes roulaient sur ses joues. Le jeune homme, penché sur sa selle, tenait sa main qu'il couvrait de baisers. Évidemment, je ne surprenais que l'instant des adieux, car ils avaient tous deux l'air de se hâter. A la fin il sortit de sa poche une enveloppe cachetée qu'il remit à madame M***, puis entourant de ses bras la jeune femme, il lui donna, toujours sans quitter la selle, un long baiser passionné. Une minute après, cravachant son cheval, il passait devant moi comme une flèche. Pendant quelques instants, madame M***

le suivit du regard, puis, triste et pensive, s'achemina vers la maison. Mais à peine avait-elle fait quelques pas dans la percée que, se remettant peu à peu de son trouble, elle écarta les branches du taillis et poursuivit sa route à travers le parc.

Je la suivais de près, stupéfait de tout ce que je venais de voir. Mon cœur battait violemment, j'étais épouvanté, pétrifié, abasourdi; toutes mes idées étaient complétement troublées; cependant, je me souviens parfaitement de la tristesse qui m'envahissait. Par moments, à travers les taillis, j'entrevoyais sa robe blanche et je la suivais machinalement des yeux sans la perdre de vue et tout en me dissimulant de mon mieux.

Elle prit enfin le sentier qui conduisait au jardin. J'attendis un instant pour faire de même. Mais quelle fut ma surprise, lorsque j'aperçus sur le sable rouge de l'allée un paquet cacheté que du premier coup d'œil je reconnus pour celui qu'on venait de remettre à madame M*** un quart d'heure auparavant. Vivement je le ramassai : l'enveloppe ne portait pas d'adresse; il était tout petit, mais assez pesant, et devait contenir au moins trois feuilles de papier à lettre.

Que signifiait ce paquet ? Il renfermait certainement dans ses plis un secret. N*** avait-il achevé d'y avouer tout ce que la rapidité du départ ne lui avait pas permis de dire dans ce trop court rendez-vous ? Car, soit qu'il fût vraiment pressé, soit qu'il ait craint de se trahir au dernier moment, il n'avait même pas pris le temps de mettre pied à terre.

Je m'arrêtai au bord du sentier et j'y jetai l'enveloppe à l'endroit le plus apparent, sans le quitter des yeux et dans l'espoir que madame M***, s'apercevant de sa perte, reviendrait sur ses pas.

Mais au bout de quelques instants, comme elle ne se retournait pas, je ramassai ma trouvaille, et la serrant dans ma poche, je rattrapai madame M***. Elle était dans la grande allée du jardin et, rêveuse, le regard baissé, marchait rapidement vers la maison.

Que faire? Je ne savais que résoudre. M'approcher d'elle et lui rendre son enveloppe? C'était lui prouver que j'avais tout vu, que je savais tout. Dès le premier mot, je me serais trahi. Et ensuite comment aurais-je osé la regarder? De quel œil me verrait-elle désormais? Je conservais toujours l'espoir qu'elle s'apercevrait de sa perte et reviendrait en arrière. J'aurais pu, alors, jeter en cachette l'enveloppe au milieu du sentier et la lui faire ainsi retrouver. Mais non! Nous étions sur le point d'entrer dans la cour, et d'ailleurs elle avait été aperçue...

Ce matin-là, justement, par une sorte de fatalité, tout le monde s'était levé de bonne heure, car la veille, après cette partie de plaisir manquée, on en avait organisé une autre, détail que j'ignorais encore. On se préparait au départ et l'on déjeunait sur la terrasse.

Pour ne pas me laisser voir en compagnie de madame M***, j'attendis à peu près dix minutes et je revins après avoir fait tout le tour du jardin. Quand je l'aperçus, elle marchait le long de la terrasse, pâle et inquiète, les bras croisés sur la poitrine; on voyait qu'elle s'efforçait d'étouffer dans son cœur une morne et cruelle angoisse qui se trahissait dans son regard, dans sa démarche, dans chacun de ses mouvements.

Par moments, elle descendait les marches de la terrasse et faisait quelques pas entre les plates-bandes dans la direction du jardin; ses regards, anxieux et impatients, erraient sur le sol, fouillant le sable des sentiers et de la terrasse. Plus de doute! elle avait constaté la disparition de l'enveloppe et pensait l'avoir laissée tomber quelque part près de la maison! Oui, c'était là, évidemment, la cause de son angoisse! Quelques-uns des invités remarquèrent sa pâleur et son trouble, et l'accablèrent aussitôt de questions sur sa santé, et de fâcheuses condoléances, auxquelles elle fut obligée de répondre en riant et en badinant; car elle faisait tous ses efforts pour paraître gaie. Puis, par instants, elle jetait, à la dérobée, un regard inquiet sur son mari qui s'entretenait tranquillement avec deux dames dans un coin de la terrasse; la pauvre femme semblait aussi troublée et aussi frémissante que le premier soir lors de l'arrivée de M. M***.

Au fond de ma poche, ma main serrait fortement la fameuse lettre, tandis que je me tenais à l'écart, faisant des vœux pour que le hasard dirigeât vers moi l'attention de madame M***. J'aurais voulu pouvoir l'encourager, la tranquilliser, ne fût-ce que du regard, lui chuchoter quelques mots en cachette... Mais lorsque je la voyais se tourner de mon côté, je frissonnais et baissais les yeux aussitôt.

Je distinguais nettement ses souffrances. Aujourd'hui encore, j'ignore quel pouvait être son secret, je ne sais rien de plus que ce dont je fus témoin et que je viens de raconter. Peut-être leur liaison n'était-elle pas ce qu'elle paraissait être au premier abord ? Peut-être leur baiser n'était-il qu'un baiser d'adieu, qu'une dernière et faible récompense en retour d'un sacrifice fait à la tranquillité et à l'honneur de la pauvre femme ? Peut-être N*** partait-il, s'éloignant pour toujours ? Enfin cette lettre que je tenais dans ma main, qui sait ce qu'elle pouvait contenir ? D'ailleurs, qui donc avait le droit de juger et de blâmer cette femme ? Cependant, j'avais le pressentiment que si l'on découvrait son secret, c'était comme un coup de foudre qui allait éclater dans son existence.

Je vois encore l'expression de son visage dans ce moment : il ne pouvait s'y peindre plus de souffrance. Évidemment elle se disait que, dans un quart d'heure, dans une minute peut-être, tout allait être découvert, que l'enveloppe serait trouvée, ramassée et ouverte, comme toutes celles qui ne portent pas d'adresse... et alors qu'adviendrait-il? Est-il un supplice plus affreux que celui qui la menaçait? Elle allait voir se dresser devant elle comme juges tous ces gens dont le visage en ce moment souriant et flatteur deviendrait aussitôt sévère et implacable! Elle n'y trouverait plus qu'ironie cruelle, mépris glacial; sa vie se changerait en une nuit éternellement sombre et obscure...

Toutes ces impressions, je ne les ressentais pas alors aussi vivement qu'aujourd'hui en y songeant. Je ne pouvais avoir à ce moment que des soupçons et des pressentiments, mais je souffrais en voyant le danger auquel elle était exposée sans toutefois le bien comprendre. Pauvre femme ! quel que fût son secret, par ces moments d'angoisse dont j'ai été témoin et qui ne s'effaceront jamais de ma mémoire, elle expiait toutes ses fautes, si tant est qu'elle en eût commis !

Le signal du départ fut donné joyeusement ; un grand brouhaha se fit entendre ; de vives conversations et des éclats de rire partirent de tous côtés comme des fusées. En deux minutes la terrasse fut déserte.

Madame M*** renonça à la partie de plaisir en se disant indisposée ; comme chacun se hâtait, personne ne l'importuna par des regrets, des questions et des conseils. Quelques personnes seulement restèrent au logis. M. M*** adressa la parole à sa femme ; elle lui répondit que son indisposition se dissiperait sans doute le jour même, que ce malaise dont il n'y avait pas lieu de s'inquiéter ne l'obligerait en aucune façon à s'aliter, mais qu'au contraire elle s'en irait faire un tour dans le jardin... toute seule... c'est-à-dire avec moi... Et elle me désigna du regard en parlant. Je rougis de bonheur. Un instant après, nous étions en promenade.

Elle se dirigeait vers les allées mêmes et les sentiers que nous avions suivis le matin, en revenant du parc. Je devinais qu'instinctivement elle s'efforçait de rappeler à son souvenir l'itinéraire de notre promenade matinale; elle regardait attentivement devant elle, les yeux fixés sur le sol, cherchant à y découvrir l'objet perdu, sans répondre à mes questions; peut-être même avait-elle oublié que je marchais à ses côtés. Arrivée à l'endroit où se finissait le sentier et où j'avais ramassé la lettre, madame M*** s'arrêta et d'une voix faible et haletante d'angoisse m'annonça qu'elle se sentait plus mal et qu'elle désirait s'en retourner. En revenant, nous approchions de la grille du jardin, lorsqu'elle s'arrêta de nouveau et sembla réfléchir; un sourire désespéré passa sur ses lèvres; elle paraissait tout affaiblie, accablée par sa douleur, et pourtant résignée, passive et muette; tout à coup elle revint sur ses pas, sans prononcer une parole.

J'étais anxieux, ne sachant que faire. Nous nous acheminâmes, ou pour mieux dire, je l'entraînai vers cet endroit même où, une heure auparavant, j'avais entendu le galop du cheval et la conversation des deux jeunes gens. Là, tout près d'un orme touffu, il y avait un banc taillé dans une énorme pierre et entouré de lierre, de seringat et d'églantines; car dans ce parc on trouvait à chaque pas des ponts, des pavillons, des grottes, enfin toutes sortes de surprises. Madame M*** s'affaissa sur le banc en jetant un regard éteint sur le beau paysage qui se déroulait devant nous. Puis, au bout d'une seconde, ouvrant son livre, elle y fixa son regard, mais je voyais bien qu'elle ne lisait pas, car elle ne tournait pas les feuillets et paraissait ne pas se rendre compte de ce qu'elle faisait.

Il était près de neuf heures et demie. Le soleil resplendissant sur le fond bleu du ciel semblait se consumer de ses propres feux. Les faucheurs étaient déjà loin; de notre rive, on les entrevoyait à peine. Ils laissaient derrière eux des sillons d'herbe fauchée dont une brise légère nous apportait de temps en temps les émanations balsamiques. Nous entendions le concert incessant de tous ces êtres qui « ne sèment ni ne récoltent », mais qui sont libres comme l'air fouetté par leurs ailes légères. Chaque fleur, chaque petit brin d'herbe, exhalant un parfum, sorte d'encens offert au Tout-Puissant, semblait remercier le Seigneur de tant de félicité et de béatitude!.....

Je regardais la pauvre femme qui se trouvait isolée et comme morte au milieu de toute cette allégresse; au bout de ses cils perlaient deux grosses larmes, chassées du cœur par une douleur aiguë. Sans doute, il ne dépendait que de moi de rendre la vie et le bonheur à ce pauvre cœur mourant; mais comment m'y prendre? comment faire le premier pas? J'étais en proie à un cruel tourment. Plus de cent fois j'essayai de m'approcher d'elle, mais à chaque tentative je sentais le feu me monter au visage.

Tout à coup il me vint une idée lumineuse; je crus avoir trouvé un moyen; cette pensée me ranima.

— Voulez-vous que je vous fasse un bouquet? m'écriai-je d'une voix si joyeuse que madame M*** releva la tête et me regarda fixement.

— Oui, tu peux m'en apporter un, me répondit-elle d'une voix languissante, en souriant à peine et abaissant tout aussitôt les yeux sur son livre.

— Il n'y aura plus de fleurs ici quand l'herbe sera fauchée! m'écriai-je gaiement. Et je m'élançai dans le taillis pour accomplir mon projet.

J'eus bientôt fait un bouquet tout simple. Sans doute il n'eût pas été digne d'orner sa chambre; mais comme mon cœur battait, chaque fois que je cueillais une de ces fleurs qui devaient composer ce bouquet! Je ramassai à cet endroit même du seringat et des églantines; dans un champ de blé voisin que je connaissais, je courus chercher des bluets que j'entourai d'épis de seigle choisis parmi les plus gros et les plus dorés. Il y avait également là une quantité de myosotis, ce qui grossit considérablement mon bouquet. Quelques pas plus loin, dans la prairie, j'y ajoutai des campanules et des œillets; quant aux nénufars, j'allai les chercher au bord de la rivière. Puis en revenant je poussai une pointe jusque dans le parc pour y cueillir quelques-unes de ces feuilles d'érable d'un si beau vert éclatant dont je voulais entourer cette gerbe champêtre. Tout à coup je foulai du pied un tapis de pensées sauvages, et à côté, guidé par leur parfum, je découvris, cachées dans l'herbe fraîche et épaisse, de belles violettes, encore tout aspergées de rosée limpide. Un brin d'herbe long et mince, que je tordis en cordelette, lia le tout, puis dans le milieu je glissai prudemment la lettre, en la cachant sous les fleurs, de manière qu'elle pût apparaître au premier coup d'œil.

Je portai alors mon bouquet à madame M***.

Je crus m'apercevoir, chemin faisant, que la lettre était trop en évidence, et je la dissimulai plus soigneusement sous les fleurs; à quelques pas de madame M***, je l'enfonçai encore davantage; enfin au moment même de le lui offrir, je poussai l'enveloppe si loin dans le fond, qu'elle ne fut plus du tout visible.

Mes joues brûlaient. J'avais une folle envie de me cacher la figure dans les mains et de m'enfuir à toutes jambes.

Elle regarda mes fleurs, sans avoir l'air de se souvenir que j'étais allé les chercher pour elle; machinalement elle étendit la main, prit mon cadeau, sans même le regarder, et le posa sur le banc, comme si je ne le lui avais donné que pour cela; puis baissant de nouveau les yeux sur son livre, elle demeura plongée dans une sorte de torpeur.

Devant mon insuccès, je me sentais prêt à fondre en larmes. — Puisse-t-elle garder mon bouquet, — pensais-je, — et ne pas l'oublier !

Accablé, j'allai me coucher sur l'herbe, à quelque distance du banc où elle se trouvait, et, posant ma tête sur mon bras droit replié, je fermai les yeux, simulant le sommeil; mais j'attendais toujours anxieux sans la quitter du regard...

Dix minutes s'écoulèrent ; il me sembla qu'elle pâlissait de plus en plus.....

Tout à coup le hasard m'envoya un bienheureux allié.

C'était une grosse abeille dorée que le doux zéphyr portait de notre côté, pour notre bonheur. D'abord elle bourdonna autour de moi, et puis elle s'envola vers madame M***, qui plusieurs fois la chassa avec la main. Mais l'abeille devenant de plus en plus importune, la jeune femme saisit le bouquet et l'agita devant elle ; aussitôt la lettre s'en échappa et tomba droit sur son livre ouvert.

J'eus le frisson. Pendant quelques secondes, muette de surprise, madame M*** regarda alternativement l'enveloppe et les fleurs qu'elle tenait à la main ; elle ne pouvait en croire ses yeux. Tout à coup elle rougit et tourna vers moi son regard..... Mais j'avais surpris son coup d'œil et je continuai à feindre de dormir ; jamais je n'aurais pu la regarder en face dans ce moment! Mon cœur palpitait et tressautait dans ma poitrine, comme celui d'un oiseau entre les doigts cruels d'un enfant.

Je ne sais plus combien de temps je restai couché, les yeux fermés : deux ou trois minutes peut-être.

Enfin je me décidai à les entr'ouvrir. Madame M*** dévorait fiévreusement sa lettre. Ses joues brûlantes, ses yeux brillants de larmes, son visage resplendissant, dont chaque trait reflétait maintenant le sentiment joyeux qui l'animait, tout témoignait clairement que son bonheur entier était enfermé dans cette lettre et que son angoisse s'était dissipée en un moment, comme la fumée. Une sensation d'une douceur infinie, contre laquelle il m'eût été impossible de résister, inonda mon cœur. Non ! jamais je ne pourrai oublier un tel moment !.....

Tout à coup des voix éloignées parvinrent jusqu'à nous :

— Madame M***, Nathalie! Nathalie!...

Vivement, elle se leva et silencieusement s'approcha de l'endroit où j'étais couché. Elle se baissa; je sentis qu'elle me regardait en face; mes cils palpitèrent. Ah! quel effort pour ne pas ouvrir les yeux et continuer à respirer avec la même égalité paisible? car les battements précipités de mon cœur m'étouffaient. Son souffle ardent me brûla la joue; elle approcha son visage tout près du mien, comme si elle eût voulu m'éprouver. Enfin un baiser effleura la main que j'avais posée sur ma poitrine, et en même temps je sentis tomber sur elle de grosses larmes. Deux fois de suite elle baisa cette main.

—Nathalie! Nathalie! Où es-tu? criait-on à quelques pas de nous.

— Je viens! répondit-elle de sa belle voix pleine et harmonieuse, en ce moment voilée et tremblante de larmes; mais elle le dit si bas que seul je pus entendre ce « Je viens! »

Alors je me trahis : tout mon sang me monta du cœur au visage. Tout à coup un baiser rapide et ardent me brûla les lèvres. Je poussai un faible cri et j'ouvris les yeux, mais aussitôt un fichu de gaze me tomba sur le visage, comme pour me protéger des rayons de soleil.

Un instant après, elle avait disparu. J'entendis le bruit de ses pas qui s'éloignaient, et je restai seul.

Je saisis son fichu et je le couvris de

baisers, ivre de joie. Pendant quelques minutes je fus comme fou!... Encore brisé par tant d'émotions, étendu sur les coudes dans l'herbe, je restais là, fixant d'un œil hagard tout ce paysage qui m'entourait, les collines, les vastes prairies, la rivière serpentant à perte de vue, resserrée entre les coteaux et les villages qui apparaissaient comme des points lumineux dans le lointain ensoleillé, tandis que la vaste ceinture des forêts environnantes semblait s'envoler comme une légère fumée bleue dans l'horizon enflammé.

Peu à peu, sous l'influence de cette douce quiétude, du calme solennel qui se dégageait de toute la nature, mon cœur troublé s'apaisa. Je me sentis mieux, et je poussai un long soupir...

Mon âme, dominée par une sorte de pressentiment, se sentait envahie par une vague et douce langueur. Mon pauvre cœur effarouché palpitait d'impatience, devinant quelque chose...

Tout à coup ma poitrine s'agita, je sentis une douleur cuisante, comme si quelque arme aiguë m'eût transpercé de part en part, et des larmes, de douces larmes jaillirent de mes yeux. Je me couvris le visage de mes mains, et, tremblant comme un roseau, je m'abandonnai librement au premier sentiment, à la première révélation de mon cœur. Mon enfance venait de finir...

Au bout de deux heures, lorsque je revins à la maison, je n'y trouvai plus madame M***. Par suite de quelque circonstance imprévue, elle était partie pour Moscou avec son mari.

Je ne l'ai jamais revue.

FIN.

PARIS. TYP. DE E. PLON, NOURRIT ET Cⁱᵉ, RUE GARANCIÈRE, 8.

EN VENTE A LA MÊME LIBRAIRIE

Vte E. MELCHIOR DE VOGÜÉ. — Le Roman russe. Un volume in-8°. . . . . 7 fr. 50

LITTÉRATURE RUSSE

DOSTOIEVSKY

Souvenirs de la Maison des Morts, traduit par M. NEYROUD, avec une préface du vicomte E. Melchior DE VOGÜÉ. Un vol. in-18. 3 fr. 50

Humiliés et Offensés, traduit par Ed. HUMBERT. Un vol. in-18 3 fr. 50

Le Crime et le Châtiment, traduit par V. DERÉLY. 2 in-18. . . 7 fr.

PISEMSKY

Mille Ames, traduit par V. DERÉLY. Deux vol. in-18. . . . . . 7 fr.

Les Faiseurs (*Miéchtchanié*), traduit par V. DERÉLY. Un vol. in-18. Prix . . . . 3 fr. 50

GONTCHAROF

Marc le nihiliste, *roman de mœurs russes*, traduit par E. GOTHI. Un vol. in-18. Prix. . . . . 3 fr. 50

KRESTOVSKY

Madame Ridnieff, traduit par V. DERÉLY. Un vol. in-18. . . 3 fr. 50

KRILOF

Fables de Krilof (le La Fontaine russe), traduites en vers français par Charles PARFAIT. Un volume grand in-18. . . . . 3 fr. 50

Sous presse, pour paraître successivement :

DOSTOIEVSKY

Les Possédés.	L'Idiot.
Nétochka Nezvanovna.	Les Frères Karamazof.
Le Joueur.	Le Rêve de mon oncle.
Les Nuits blanches.	La Femme d'un autre.
L'Esprit souterrain.	Notes de voyage.
Le Metchanine Mourine.	Le Songe d'un homme ridicule.
Un Voleur honnête.	Un Centenaire.
Roman en neuf lettres.	Le Moujik Morrey.
L'Arbre de Noël et un mariage.	Les Pauvres Gens.

PARIS. TYPOGRAPHIE E. PLON, NOURRIT ET Cie, RUE GARANCIÈRE, 8.

www.ingramcontent.com/pod-product-compliance
Lightning Source LLC
Chambersburg PA
CBHW062231180426
43200CB00035B/1635